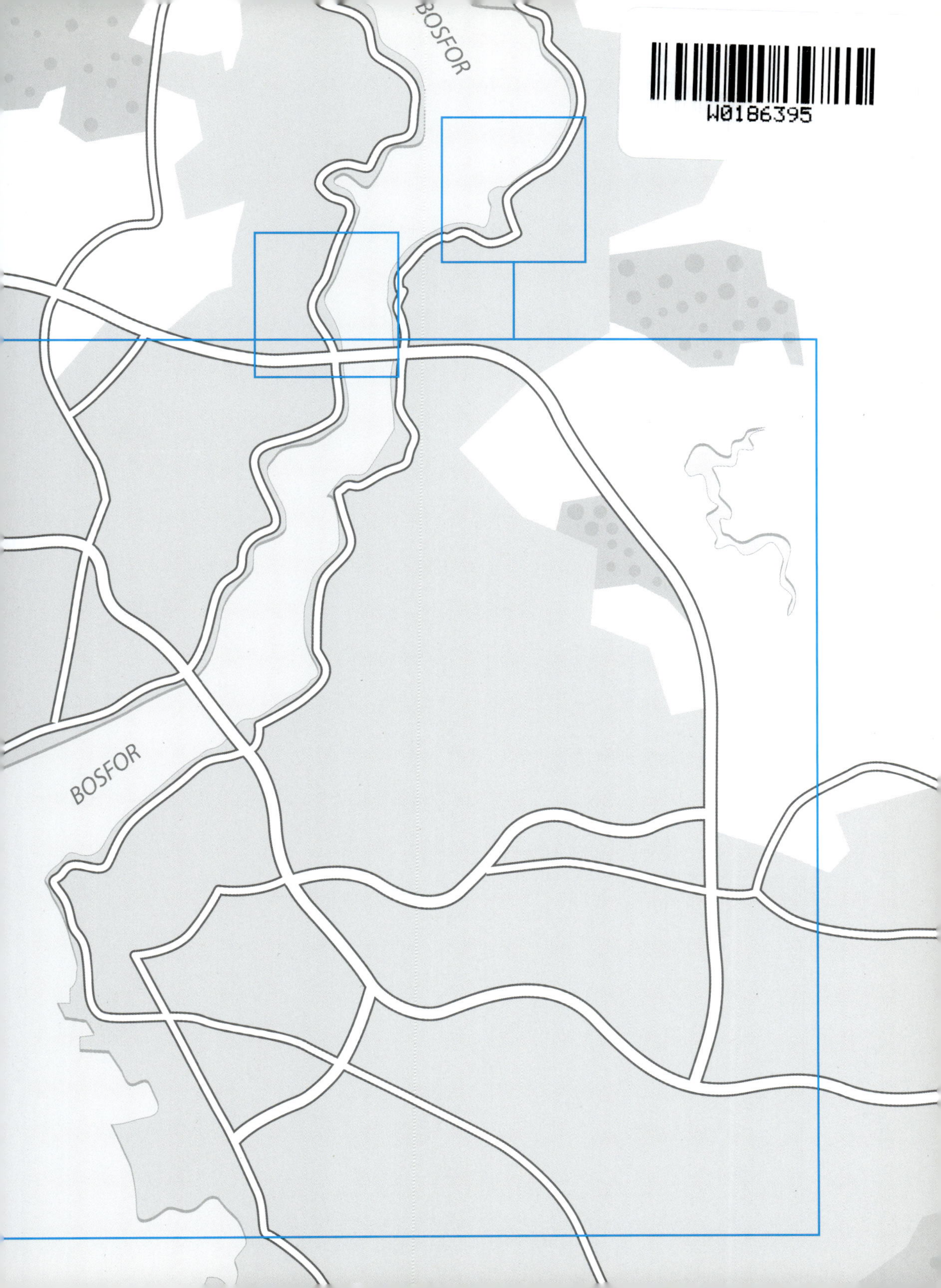
BOSFOR
BOSFOR

PRZEWODNIK | CITY GUIDE

in STAMBUŁ

PRZEWODNIK | CITY GUIDE

in STAMBUŁ

Wydawnictwo Publishing House:
AGORA SA/Wydawnictwo Promocyjne Między Nami

Producent wydawniczy (AGORA SA) Editorial producer (AGORA SA): **Robert Kijak, Małgorzata Skowrońska**

Producent wydawniczy (Wydawnictwo Promocyjne Między Nami) Editorial producer (Wydawnictwo Promocyjne Między Nami): **Ewa Moisan**

Redaktor naczelna Editor in Chief: **Beata Blaibel**

Projekt graficzny i kierownictwo artystyczne Design&Art Direction: **Adam Żebrowski**

Opracowanie graficzne Graphic design: **Artur Hanc, Adam Olchowik**

Opracowanie graficzne map Graphic design: **Wawrzyniec Święcicki**

Zespół kreatywny Creative Team: **Beata Blaibel, Robby Cyron, Ewa Moisan, Markus Rademacher, Rafał Sławoń, Adam Żebrowski**

Teksty: **Beata Blaibel, Rafał Sławoń**

Tłumaczenie Translation: **Anna Szyjkowska-Piotrowska, Paweł Podmiotko**

Korekta części polskiej Proofreader of Polish text: **Teresa Kruszona, Jacek Świąder**

Korekta części angielskiej Proofreader of English text: **Textem**

Koordynacja projektu Project coordinator: **Magdalena Proga**

Przygotowanie zdjęć do druku Preparation of photos for print: **Paweł Bajer, Anna Biała, Łukasz Iżyk, Dariusz Zapała**

Współpracownicy Contributors:
Koza Tamdoğan
Tuncel Toprak
Guzin Yalin
Mesut Ozkececi
Tugrul i Bożena Cetiner

ISBN serii: 978-83-268-0437-3
ISBN 12. tomu: 978-83-268-0324-6

Druk Print: Drukarnia Perfekt

treść content

fot. Bobby Cyron

intro ISTANBUL STAMBUŁ

Koza Tamdoğan

Mawiają, że Stambuł jest jak piękna, seksowna, lecz kapryśna kobieta – nigdy nie wiadomo co się tu może wydarzyć...

Z całą pewnością nie odwiedziłam wszystkich miast na świecie, niemniej z powodu wieloletniej pracy w Stambulskiej Fundacji na rzecz Kultury i Sztuki, w której zajmowałam się organizowaniem międzynarodowego festiwalu teatralnego, wiele podróżowałam, śledząc zagraniczne spektakle. Potem jako menedżer światowej sławy Tanztheater, pojechałam na tournée u boku Piny Bausch i po raz kolejny miałam okazję zobaczyć wiele największych i najważniejszych metropolii świata. W wielu z nich, od razu poczułam się jak w domu. Niektóre z nich zachwyciły mnie otaczającą je przyrodą i klimatem, inne architekturą i fantastycznymi zabytkami, jeszcze inne dały sposobność zatracenia się w zabawie, albo przezywania kulturalnych rozkoszy.

Pomimo tego, że odwiedziłam tyle wspaniałych miejsc, za każdym razem łapię się jednak na tym, że porównuję je do miasta, które lubię najbardziej, do mojego miasta rodzinnego Stambułu. Jak zapewne wiecie, jest to jedyne miasto na świecie leżące na dwóch kontynentach. Na część azjatycką i europejską dzieli je magiczny, mieniący się turkusem i zielenią Bosfor. Stambuł najpiękniejszy jest wiosną, kiedy na brzegach Bosforu kwitną bzy, a całe miasto zdobią kolorowe tulipany – symbol Stambułu. Niewiele osób wie, że cebulki tulipanów wywodzą się właśnie stąd i były w średniowieczu eksportowane do Holandii. Handlowi towarzyszył niemały rozlew krwi, ponieważ cebulki warte były wtedy więcej, niż złoto.

Ponieważ monotonia szybko mnie nudzi, a czasami wydaje mi się wręcz zabójcza, uwielbiam różnorodność jaką oferuje Stambuł, Nawet jeśli nie wychodzę tu z domu przez kilka dni, wiem, że tuż za moim progiem tętni życie. To, że Stambuł otacza morze też stwarza wiele możliwości atrakcyjnego spędzenia czasu. W ciepłe letnie wieczory – najlepiej podczas pełni – warto wynająć jedną z łodzi,

fot. Robby Cyron

You know what they always say about this city: Istanbul is like a beautiful, sexy, but capricious woman; you never know what will happen next...

I have surely not visited all of the world's cities, but thanks to many years' work at the Istanbul Foundation for Culture and Arts - where I was responsible for programming the international theatre festival - I travelled a lot to see theatre and dance productions abroad. Later on, when I toured with Pina Bausch for a couple of years as the manager of her world famous Tanztheather, once again I had the opportunity to visit many of the largest and most important cities all around the world.

There are many cities where I instantly felt at home. Some were located in fantastic natural surroundings, some had impressively beautiful architecture, some were fascinating thanks to their historical remains, some had a perfect climate, some were captivating with their extreme modernity, some were fun, and some were packed with artistic wealth.

Despite all those wonderful cities I travelled to, I always found myself comparing them to the one and only city I like the most, my hometown: ISTANBUL!

Surely everybody knows that Istanbul is the only city in the world which is located on two continents. Its European and Asian parts a divided by Bosphorus with a feast of colours from deep, dark blue to turquoise or even green... Istanbul shows its most beautiful face in springtime, when the shores of the Bosphorus are covered with lilacs and the city is flooded with multiple colours of tulips - the symbol of the city. Not many people know that in the Middle Ages, tulip bulbs originally came from this city (then called Constantinople) and were exported to Holland - at times, much blood was shed in this trade, as tulip bulbs where far more precious and important than gold.
I like the variety that Istanbul offers, for routine can be very boring or even deadly for me. Even if

pływających po Bosforze i wraz z przyjaciółmi rozkoszować się chłodną bryzą dającą ukojenie po gorącym dniu. Przy okazji można także zjeść kolację. Podczas rejsu przepływa się pod wielkimi wiszącymi mostami, łączącymi Azję z Europą, a nasze oczy cieszą stojące u brzegu przepiękne drewniane domy. Kiedy miniecie fortecę Rumeli, zapewne zaskoczy was widok wschodzącego księżyca za fortecą Anadolu, po azjatyckiej stronie miasta.

Krótka wycieczka łodzią na jedną z wysp Książęcych, gdzie można spędzić noc w przepięknych, secesyjnych, drewnianych hotelach, może być ciekawą i relaksującą alternatywą dla miejskiego gwaru. Po wyspach nie wolno jeździć samochodem, ale można wynająć rower, lub udać się na przejażdżkę dorożką – jedynym dozwolonym środkiem transportu – żeby podziwiać chrześcijańskie i prawosławne klasztory. Na większości wysp znajdują się też wspaniałe plaże.

Jak każde miasto, także Stambuł ma swoje obowiązkowe atrakcje, których nie można pominąć. Gwoździem programu jest wizyta w starej części miasta. Jeśli nie byłeś w Hagi Sofii, Błękitnym Meczecie czy pałacu Topkapı – wszystko można obejrzeć w jeden dzień – to nie mów, że byłeś w Stambule. Nie mniej ważna, jest przechadzka po Kapalıçarşı czyli Krytym Bazarze, Bazarze Egipskim, zwiedzanie Kościoła św. Zbawiciela na Chorze (Kariye Müzesi), jednego z najstarszych kościołów bizantyjskich z unikatowymi mozaikami, czy Meczetu Sulejmana, pochodzącego z XVI wieku arcydzieła słynnego budowniczego Sinana. Niezapomnianym przeżyciem może być także wizyta w hammanie czyli łaźni tureckiej (np. Çemberlitaş Hamam lub Cağaloğlu Hamam), ale pamiętajcie żeby przed wejściem zapytać o cenę i o tym, że dla mężczyzn i kobiet przeznaczone są osobne łaźnie.
W ciągu ostatnich lat w Stambule otwarto wiele ważnych muzeów prezentujących historyczne oraz współczesne kolekcje. Muzeum Sadberk Hanım, Stambulskie Muzeum Sztuki Współczesnej, Muzeum Sabancı czy Muzeum Pera to tylko kilka z nich.

fot. Bobby Cyron

I do not leave my house for one or two days, I know that there is a vibrant world waiting outside my door. Just the fact that the city is surrounded by sea offers many possibilities to benefit from. On warm summer nights, preferably on ones with a full moon, it is always fun to hire one of the many boats which go up and down the Bosphorus, where you can spend a couple of hours with friends profiting from the comforting cool breeze after a hot day. The boats also serve dinners. You travel under the two huge suspension bridges which connect Asia with Europe, and you may be amazed by the sight of the wonderful wooden houses along the shores of the Bosphorus. Once you pass the Rumeli fortress, you will be surprised to see the moon rising behind the Anadolu fortress just across the bay on the Asian side.

A short trip by boat to one of the islands - where you can stay the night in one of the wonderful, Art Nouveau wooden hotels - can be a completely different and relaxing alternative to the sometimes hectic life downtown. As there are no cars allowed on the islands, you can hire bicycles or hire a ride by horse coach - the only legal form of transport - around the island to visit some of the Christian or Orthodox monasteries . Most islands have wonderful beaches.

As in all cities, there are also "must-do's" and "must-see's" in Istanbul. The main attraction is unquestionable a visit to the old part of town. If you have not visited the Haghia Sophia, the Blue Mosque, and the Topkapı Palace (all possible to visit in a day!), you have not been to Istanbul at all! But apart from these sights, other 'musts' include the stroll through the Kapalıçarşı (the Covered Bazaar) and the Egyptian Spice Bazaar, or a visit to the Chora Museum (Kariye Müzesi), one of the oldest Byzantine churches, with its unique mosaics, or the Süleymaniye Mosque, a masterpiece by the famous architect Sinan, dating back to the 16th century. A visit to one of the historical hamams can also be a very exiting experience (Çemberlitaş Hamam or Cağaloğlu Hamam, for instance). But be sure to ask for the price when en-

Stambuł jest także rajem dla ludzi kochających zakupy. Zarówno ja, jak i moi przyjaciele czerpiemy wiele radości z odwiedzania odbywających się w różne dni tygodnia, targów. Można na nich znaleźć nie tylko świeże i tanie warzywa, owoce, sery lub inne ekologiczne produkty, ale również ubrania, buty, materiały i wiele innych towarów. Co ważne, wszystkie te dobra można kupić po wyjątkowo atrakcyjnych cenach. Wystarczy tylko umiejętnie się potargować! Kto od bazarowych odkryć woli jednak rzeczy markowe, tego odsyłam do tak ekskluzywnych rejonów jak ulica Istiklal, dzielnice Nisantasi, Kadikoy, czy sławna położona po azjatyckiej stronie Bagdat Caddesi. Nie od rzeczy będzie też spacer niedawno odrestaurowanymi wąskimi uliczkami w okolicach wieży Galata, na których tureccy projektanci mody prowadzą swoje atelier i ekskluzywne butki. W Stambule znajdują się także ogromne centra handlowe położone po obu stronach miasta: Istanbul Forum, popularne dzięki ogromnemu akwarium; Cevahir w dzielnicy Şişli – największe centrum handlowe w Europie; Kanyoni, przyciągające nowoczesną architekturą nie tylko amatorów zakupów, czy İstinye Park, oferujący tureckie i międzynarodowe marki z najwyższej półki.

Podobnie jak w całej Turcji, także w Stambule znajdziemy doskonałe jedzenie: otomańskie specjały, wykwintne dania w ekskluzywnych restauracjach, kebab, czy rybne kanapki serwowane prosto z łodzi w dzielnicy Eminönü. Najlepsze restauracje i kluby mają swoje zimowe i letnie lokale. Zimą możecie poznać ich wnętrza, natomiast latem przenoszą się na wybrzeże Bosforu. Na Galatasaray, jedynej sztucznej wyspie leżącej na Bosforze, rozrywki dostarczają rozliczne restauracje, bary i kluby, podobne do tych, które możemy napotkać wzdłuż wybrzeża Kuruçeşme. Bardzo wiele modnych miejsc znajduje się również w centrum Stambułu. Jednym z nich jest Babylon, gdzie możemy posłuchać muzyki na żywo w wykonaniu tureckich i zagranicznych artystów. Mieszczą się tutaj także kluby jazzowe, takie jak Nardis, kluby gejowskie, rockowe oraz różnego rodzaju dyskoteki. W tych rozrywkowych okolicznościach warto wiedzieć, że po nocy

fot. Robby Cyron

tering and don't forget that hamams are always divided into men's and women's areas.

In recent years, many important museums with historical or modern private collections have opened up. The Sadberk Hanım Museum, the Istanbul Modern, the Sabancı Museum or the Pera Museum, to name a few.

Istanbul is also a shopaholic's paradise. For me and my friends, it is always big fun to visit one of the weekly markets, which open up in certain quarters on different days. These markets offer not only the freshest and cheapest vegetables, fruit, cheese and all other organic foods, but also clothing, shoes, home textiles and whatever else you can think of, all for very reasonable prices (bargaining is recommended!). The more sophisticated shopping quarters include İstiklal Street, Nişantaşı on the European side, or Kadıköy and very famous Bağdat Caddesi on the Asian side. It is also very nice to stroll through the narrow streets around the Galata Tower, a quarter that has been renovated in recent years. Hip and popular, this is where Turkish haute couture and fashion designers opened up their showrooms and exclusive boutiques. Last but not least: Istanbul also offers huge shopping malls located on both sides of the city. To name a few: Istanbul Forum, famous for its famous aquarium; Cevahir (in the Şişli district), the biggest shopping mall in Europe; Kanyoni, whose very modern architecture might attract non-shoppers; and İstinye Park, which offers top Turkish and international brands.

Food is always excellent in Istanbul, like all over Turkey; be it an Ottoman speciality or nouvelle cuisine in one of the fancy restaurants, a döner kebab next door or a fish sandwich made directly on the fishing boats at Eminönü. Many of the fine restaurants and clubs have winter and summer locations. In the wintertime, you can visit the indoor

fot. Bobby Cyran

zakrapianej dużą ilością alkoholu zawsze można, a czasem nawet trzeba wstąpić do baru corbaci i skosztować życiodajnej zupy.

Wyjątkowym wydarzeniem jest Maraton w Stambule, którego trasa prowadzi przez most nad Bosforem, co oznacza, że raz do roku można przebiec z Europy do Azji. W Stambule odbywają się wyścigi Formuły 1, a także wiele międzynarodowych festiwali: Międzynarodowy Festiwal Filmowy, Festiwal Teatralny, Festiwal Muzyczny, Festiwal Jazzowy oraz Biennale Sztuki Współczesnej. Miłośnicy muzyki klasycznej mogą delektować się występami najsłynniejszych muzyków i orkiestr z całego świata w niezwykłym wnętrzu Hagia Eirene (jednego z najstarszych kościołów bizantyjskich). W Amfiteatrze, w pobliżu centrum miasta organizowane są występy taneczne, a fani muzyki rockowej mogą wybrać się na koncert na stadionie, znajdującym się na brzegu Bosforu.

Uff.. Myślę, że jeśli zaraz nie przerwę, to nigdy nie uda mi się skończyć…

Reasumując: Stambuł to dla mnie niekończąca się symfonia skomponowana z orientalnych i okcydentalnych przeplatających się ze sobą melodii, w której ogłuszający dźwięk klaksonu konkuruje ze skrzeczeniem mew i buczeniem wielkich statków z gracją unoszących się na falach Bosforu, a nawoływanie muezinów z wysokich minaretów łączy się z odgłosem bicia kościelnych dzwonów. Dobrze wam radzę, wsłuchajcie się w tę symfonię uważnie, a nie pożałujecie… ■

fot. Hobby Cyron

locations, whereas in the summertime, many of them move to their open-air summer resorts at the shores of the Bosphorus. Galatasaray Islet, being the only artificial island on the Bosphorus, is a very popular place for entertainment in summertime with its various restaurants, bars and clubs, similar to the ones located along the shores of Kuruçeşme. Apart from those, there are also very hip clubs downtown. Babylon - with live music performed by Turkish and international musicians - is still one of the most popular ones. There are also jazz clubs, like Nardis, several gay clubs, rock clubs, a variety of discos. And when you are about to end an alcohol-heavy night, you can go to one of the very popular soup-houses (çorbacı) to get one last tripe soup before sunrise.

The Eurasian marathon, organised annually, is a unique event - with its incomparable route over the Bosphorus Bridge, where you can cross between Europe and Asia by foot only once a year. Formula 1 races are held in Istanbul, as well as a host of international festivals organised throughout the year; the International Istanbul Film Festival, Theatre Festival, Music Festival, Jazz Festival or Contemporary Art Biennale. You can enjoy classical music concerts performed by world famous musicians and orchestras amongst the unique atmosphere of the Aya İrini (one of the oldest Byzantine Churches) or watch a dance performance in the open-air Amphitheatre, almost in city centre. You might prefer a rock concert at the Arena venue, located just off the shores of the Bophorus...

I think that if I do not stop here, there will be no end to my writing...

In short: Istanbul is an endless symphony composed of oriental and occidental melodies melting into one another; where the deafening sound of the car horns competes with the cry of the seagulls or the roar of the huge tankers and ships that gracefully go up and down the Bophorus; where the adhan called out by the muezzins from the heights of the minarets sound out in unison with the rhythm of the church bells. I strongly recommend: listen to this symphony carefully and you will not regret... ■

fot. Robby Cyron

EMINÖNÜ SULTANAHMET

HOTELE | HOTELS

1. THE KYBELE HOTEL, Yerebatan Cd 35
2. EMPRESS ZOE, Akbiyik Cd 4/1

RESTAURACJE | RESTAURANTS

3. ERENLER CAY BAHCESI CAFÉ, Yeniçeriler Cd 36/28
4. HAYAT CAFÉ, Mimar Mehmet Ağa Cd 34

SKLEPY | STORES

5. Kýble Çeşme Cd
6. ALTAN SEKERLEME, Kıble Çeşme Cd 96
7. TARG EGIPSKI/EGYPTIAN MARKET, Misir Çarşi, Rüstem Paşa Mh.
8. GRAND BAZAR, Kapali Çarşı
9. TULU, Üçler Sk 9/1

KLUBY | CLUBS

10. SOPHIE TERRACE, Tevkifhane Sk 1

PLUSY

11. KALENDERHANE MECZET/MOSQUE, Mart Sehitleri Cd 16

Bosfor
Meclis-i Mebusan Cd
Boğazkesen Cd
Kumbaracı Ykş.
Refik Saydam Cd
Yolcuzade İskender Cd
Okçu Musa Cd
Galip Dede Cd
Serdar-ı Ekrem Cd
Şair Ziya Paşa Cd
Lüleci Hendek Cd
Tophane İskele Cd
Kemeraltı Cd
Necatibey Cd
Mumhane Cd
Kemankeş Cd
Maliye Cd
Tersane Cd
Bankalar Cd
Tersane Cd
Atatürk Kpr.
Haliç
(Złoty Róg)
Galata Kpr.
Kıble Çeşme Cd
Ragıp Gümüşpala Cd
Kadıoğlu Sk
Prof. Cemil Birsel Cd
Fetva Ykş.
Ragıp Gümüşpala Cd
Yalı Köşkü Cd
Kennedy Cd
Hamidiye Cd
Ankara Cd
Vasıf Çınar Cd
Aşir Efendi Cd
Uzun Çarşı Cd
Fuat Paşa Cd
Çakmakçılar Ykş.
Hoca Hanı Sk
Cağaloğlu Ykş.
Kennedy Cd
Çadırcılar Cd
Şeref Efendi Sk
Cağaloğlu Hamamı Sk
Alayköşkü Cd
Kalpakçılar Cd
Vezirhan Cd
Bab-ı Ali Cd
Ordu Cd
Mithat Paşa Cd
Yeniçeriler Cd
Çatalçeşme Sk
Yerebatan Cd
Divan Yolu Cd
Kabasakal Cd
Tatlı Kuyu Sk
Peykhane Cd
Kabasakal Cd
Atmeydanı Cd
Kutlugün Sk
İshak Paşa Cd
Akbıyık Cd
Piyer Loti Cd
Tiyatro Cd
Gedik Paşa Cd
Üçler Sk
Kadırga Limanı Cd
Kadırga Limanı Cd
Nakilbent Sk
Cankurtaran Cd
Kennedy Cd
Aksakal Cd
Kennedy Cd
Kennedy Cd
Morze Marmara

fot. Courtesy Kybele Hotel

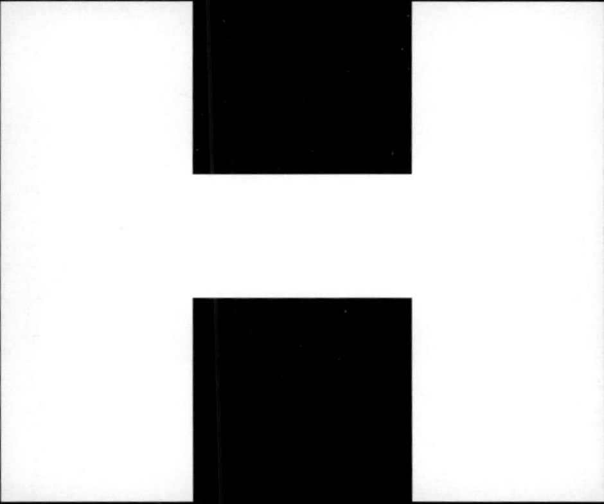

fot. Courtesy The Kybele Hotel

THE KYBELE HOTEL

Yerebatan Caddesi 35, 34410 Istanbul, tel. +90 212 511 7766
www.kybelehotel.com (T) Sultanahmet

Magiczny, kameralny hotelik położony w historycznej, a zarazem wyjątkowo chętnie nawiedzanej przez turystów części Stambułu, czyli dzielnicy Sultanahmet. Jego znakiem charakterystycznym są setki uwieszonych u sufitu kolorowych lampionów. Nie daliśmy rady policzyć dokładnie, ale tak na oko są ich ze 2 tysiące. Hotelowe pokoje umeblowane osmańskimi antykami i wyłożone tureckimi kilimami to prawdziwa uczta dla oka. Ludziom wrażliwym na piękno może być w nich trudno usnąć z wrażenia. Nie mniej emocji dostarcza śniadanie na maleńkim tarasie na piętrze, również niepozbawionym mocnej wschodniej nuty. Kto szuka miejsc naprawdę charyzmatycznych, będzie wniebowzięty! ■

A magical, intimate hotel located in the historic and touristic district of Sultanahmet. Its trademark element are the hundreds of colourful lanterns hanging from the ceiling. We weren't able to count all of them, but there must have been at least two thousand. The rooms – fitted with Ottoman antiques and lined with Turkish rugs – are an aesthetic feast. Those of you who possess a strong sense of beauty may have trouble sleeping. Breakfast – served on a tiny terrace on the second floor – is equally laden with emotions, as well as Eastern features. If you're looking for something truly charismatic, you'll be overjoyed! ■

fot. Courtesy Empress Zoe

EMPRESS ZOE

Akbiyik Caddesi 4/1, 34122 Istanbul, tel. +90 212 518 5699
www.emzoe.com (T) Sultanahmet

Świetny punkt wypadowy dla tych wszystkich, którzy nastawieni są przede wszystkim na zaliczanie historycznych atrakcji, w jakie obfituje Sultanahmet. Empress Zoe to mały klimatyczny hotel oferujący 19 przytulnych pokoi, częściowo zajmujący pomieszczenia dawnych łaźni tureckich pochodzących jeszcze z XV wieku! Sam w sobie jest on więc już niezłą historyczną atrakcją! Na ścianach Empress Zoe widzimy ręcznie malowane freski z bizantyjskimi motywami. Niektóre łóżka mają baldachimy, a łazienki urządzono w stylu wspomnianych łaźni. Znajdziemy tu też cudowny taras na dachu, na którym w chłodne wieczory opatulić się można ręcznie tkanym kilimem i wygrzać w cieple kominka. Jeśli chodzi o śniadanie w ciepły poranek, to najlepiej smakuje w uroczym ogrodzie. Ceny za nocleg niezależnie od temperatury wynoszą od 80 euro. ■

A great departure point for all those willing first and foremost to explore the numerous historical attractions of Sultanahmet. Empress Zoe is a small, cozy hotel with 19 comfortable rooms, located partly in a former Turkish bath dating back to the 15th century! So, in a way, it is a historical attraction in itself! The walls of the Empress Zoe are adorned with hand-painted frescoes with Byzantine motifs. Some rooms have four-poster beds, while the bathrooms are decorated to look like the aforementioned hammams. There is also a wonderful roof terrace – on cool evenings, you can tuck into a hand-woven carpet and relax by the fireplace. Breakfast on warm mornings, on the other hand, tastes best in the lovely garden. Regardless of the temperature, the room rates start from 80 euros. ■

fot. Courtesy 360 Istanbul

R

restauracje/kawiarnie restaurants/cafés

EMINÖNÜ | SULTANAHMET

fot. MN

HAYAT CAFE

Mimar Mehmet Ağa Caddesi 34, 34122 Istanbul
(T) Sultanahmet

Pod żadnym pozorem nie mylić z sieciowym hotelem Hyatt! Nazwa niby podobna, ale poza tym jedno z drugim nie ma nic wspólnego. Hayat to po prostu mała knajpka, a konkretnie budka pod dachem z podwyższeniem, na którym ustawiono pięć drewnianych stolików. Jest to rodzinny interes, w którym mąż przyjmuje zamówienia, a żona je realizuje. Siłą rzeczy panuje tu bardzo domowa atmosfera. Wystrój pozbawiony jest szczęśliwie elementów tureckiego kiczu, jedynym barwnym akcentem są oryginalne kilimy. Zjemy tu dobre śniadanie oraz wyjątkowo strawne kebaby i meze. ■

Not to be confused with the Hyatt chain of hotels! The name is kind of similar, but the two have nothing in common. Hayat is actually a small restaurant – or, more precisely, a roofed shed with a platform and five wooden tables. This is a family business: the husband takes the orders, and the wife prepares the food. Therefore, the atmosphere is, rather obviously, homely. Luckily, the decor is devoid of Turkish kitsch, with the original rugs providing the only colourful bits. They prepare good breakfasts and very tasty kebabs and mezes. ■

fot. Erenler Cay Bahcesi Café

ERENLER CAY BAHCESI CAFÉ

Yeniçeriler Caddesi 36/28, 34126 Istanbul, tel. +90 212 528 3785 (T) Çemberlitaş, codziennie 7-2 daily 7am-2am

Keyif to nasze ulubione słowo w języku tureckim. Trudno znaleźć jego polski odpowiednik. Najprościej byłoby chyba powiedzieć, że określamy nim stan przyjemnej bezczynności. W naszym świecie oznacza to tyle, że czytamy sobie gazetę, gadamy przez telefon albo odpisujemy na e-maile. W Turcji to raczej umiejętność delektowania się chwilą, widokiem, zapachem... Postaramy się teraz połączyć oba te sposoby pojmowania owego stanu i robiąc „coś", pogrążymy się w słodkiej beztrosce. Bardzo dobrą ku temu okazją jest wizyta na dziedzińcu dawnej szkoły koranicznej, na którym mieści się ta kafejka. Wśród jej pokrytych dekoracyjnymi kilimami i dywanami ścian zasiadają na niskich pufach studenci z pobliskiego uniwersytetu i kupcy z Grand Bazaar. Wszyscy oni zgodnym chórem poddają się keyif w oparach słodkiego owocowego tytoniu wydobywających się z hookah, sisha, wodnych fajek czy – jak je tu nazywają od XVII wieku – nargili. Relaks, przyjemność, odprężenie – to słowa przychodzące w pierwszej kolejności na myśl, kiedy patrzymy na twarze tych ludzi. Nie sposób chociaż na chwilę do nich nie dołączyć. Spróbujcie, a nie pożałujecie. Niech żyje keyif!!! ■

Keyif is our favourite word in Turkish, but it happens to be extremely difficult to translate. It is probably best described as a state of pleasant idleness. In our own backyard, this means reading a newspaper, talking on the phone, or replying to e-mails. In Turkey, this is understood by the ability to cherish a given moment, vista, or scent... We will now try to combine these two interpretations and try to do "something" while indulging in sweet insouciance. A good opportunity to go forward with this is a visit to the former madrasa courtyard where this cafe now operates. Surrounded by walls plastered with decorative rugs and carpets, the patrons – students from the nearby university and merchants from the Grand Bazaar – sit on low pouffes and engage in communal keyif, bathed in the sweet, fruity smoke coming from the hookahs, sheeshas, waterpipes, or – as they have been called here since the 17th century – narghile. Relaxation, pleasure, tranquility – these words immediately spring to mind when we look at the client's faces. It would be impossible not to join them, if only for a few moments... Try it and you won't regret it. Long live keyif! ■

fot. Courtesy Tulu

S

sklepy stores

fot. Robby Cyron

GRAND BAZAAR – KAPALI ÇARŞI

Trudno to sobie nawet wyobrazić, ale handel na Grand Bazaar kwitnie od dobrych 500 lat! Przez jego uliczki wśród ponad 4 tysięcy sklepów i straganów dziennie potrafi się przewinąć nawet 100 tysięcy ludzi. Mamy nadzieję, że i was wśród nich nie zabraknie.

Nikt, kto nie zobaczy tej feerii kolorów skąpanej w oparach prażących się kasztanów i świeżo parzonej miętowej herbaty, nie będzie bowiem w stanie naprawdę poznać i zrozumieć Stambułu. Tego naprawdę trzeba doświadczyć na własnej skórze. Trzeba usłyszeć ten nieopisany gwar i dać się wciągnąć w ten egzotyczny wir najróżniejszych towarów, sprzedawców, kupujących i oglądających. Zatem zbieramy siły. Drogą biżuterię zostawiamy w hotelowym sejfie. Wypchany portfel wciskamy głęboko w niedostępne zakamarki ubrania. I w drogę!

It may be difficult to comprehend, but business at the Grand Bazaar has been going strong for the last...500 years! Its streets – which wander around 4000 or so shops and stalls – are criss-crossed by up to 100 000 people every day. We hope you will be one of them.

If you choose not to witness this rainbow of colours, bathed in the mist of fried chestnuts and freshly brewed mint tea, you may never be able to fully appreciate the essence of Istanbul. You really, really need to see this for yourself, listen to the indescribable hubbub and immerse your senses in this exotic web of goods, sellers, buyers and onlookers. So gather strength, leave the costly jewellery in the hotel safe, and hide your note-stuffed wallet deep in some secret pocket. Off we go!

S

fot. Robby Cyron

Na Grand Baazar najlepiej wybrać się wczesnym rankiem – kiedy targ budzi się do życia – i wzorem handlujących na nim kupców zacząć od śniadania, a przynajmniej kawy w jednej z tutejszych kafejek. Jedną z popularniejszych jest **Cafe Fes** (Halicilar Cd 62), która mimo że na wskroś nowoczesna świetnie wpasowała się w antyczno-egzotyczne otoczenie. Podają w niej też wyborną lemoniadę. W sąsiedztwie znajduje się nasz ulubiony sklep **Abdulla** (Halicilar Cd 52, www.abdulla.com), gdzie kupicie przepiękne naturalne ręczniki, kapy na łóżka, kilimy tkane ze 100-procentowej bawełny, jedwabiu, lnu i wełen, a do tego organiczne mydła. Wszystko to wyjątkowej wprost urody. Wychodząc z Abdulla, nie przegapcie znajdującego się po przeciwnej stronie sklepiku **Dervis** (Keseciler Cd 33-35, www.dervis.com). Tu znowu znajdziemy naturalne mydła oraz miedziane mydelniczki, bawełniane ręczniki i stare haftowane tkaniny. Stąd ruszamy w kierunku **Deli Kizin Yeri** (Halicilar Cd 82, www.delikiz.com), pełnego cudownych szmacianych zabawek z kolorowych materiałów – uwaga! Istnieje duże niebezpieczeństwo,

The Grand Bazaar is best visited early in the morning, when the market comes to life. Taking example from the merchants, it is worth starting your visit with breakfast, or at least with a cup of coffee in one of the local cafes. A popular coffee shop is **Cafe Fes** (Halicilar Cad.62), which despite its thoroughly modern looks, perfectly fits the antique and exotic surroundings. They serve a delicious lemonade. Our favourite shop, **Abdulla** (Halicilar Cad.52, www.abdulla.com), is located close by. It stocks beautiful, natural towels, bedspreads, and rugs made from 100% cotton, silk, flax and wool, as well as organic soaps. The goods are of an untold beauty. When leaving Abdulla, don't miss **Dervis** (Keseciler Cad. 33-35, www. Dervis.com), just opposite. Here, you'll find more natural soaps, copper soap dishes, cotton towels, and old, embroidered textiles. Next, move on towards **Deli Kizin Yeri** (Halicilar Cad.82, www.delikiz.com), full of wonderful, colourful rag dolls and toys – Warning! Your children may not leave of their own volition! – as well as napkins and tablecloths, suitable gifts for older members of the family anxiously awaiting

fot. Robby Cyron

że dzieci nie opuszczą tego sklepu dobrowolnie – oraz serwetek, obrusów i ściereczek w sam raz nadających się na prezent dla niecierpliwie wypatrujących naszego powrotu babć i cioć. Kto szuka oryginalnych ręcznie wykonanych etnicznych tkanin, w następnej kolejności powinien niezwłocznie udać się do **Sivash Yamaci** (Yaglikçilar Cd 57). Najlepszą rekomendacją dla tego miejsca jest to, że od lat jego stałymi klientami są takie sławy, jak Jean-Paul Gaultier i Donna Karen. Kto jest stałym klientem **Ümit Berksoy** (2 Inciciler Sokak), nie udało się nam niestety ustalić, ale pewne jest, że muszą być to ludzie wyjątkowo majętni, bo tylko takim starczy środków na precjoza z oferowanej przez tego jubilera kolekcji antycznej biżuterii. Żeby otrząsnąć się trochę z tego cenowego szoku i dojść do siebie przed kolejnymi atrakcjami, warto usiąść na kawę po turecku w najstarszej kawiarni na bazarze, czyli **Şark Kahvesi** (Yaglikcilar Cd 134). Zdopingowani dawką kofeiny, lekko rozedrgani pędzimy następnie do **EthniCon** (Takkeciler Sokak 49-51) oferującego unikalne dywany i kilimy wystawione w pozbawionym zbędnych dekoracyjnych dodatków minimalistycznym wnętrzu. Każdy z nich może być ozdobą naszego mieszkania, problem polega jednak na tym, który z nich właściwie wybrać? Na jaki kolor, na jaki motyw się

your return. If you're looking for original, handmade, ethnic fabrics, you should immediately proceed to **Sivash Yamaci** (Yaglikçilar Caddesi, No. 57). The best recommendation is that for years, regular customers have included Jean-Paul Gaultier and Donna Karen. Unfortunately, we don't know about the regular customers of **Ümit Berksoy** (2 Inciciler Sokak), but they must be very wealthy people, considering they would have to afford the valuables which make up this antique jewellery collection. To recover from the price shock and boost your energy level before visiting further attractions, why not sit down for a Turkish coffee at the bazaar's oldest cafe, **Sark Kahvesi** (Yaglikcilar Cad.134). After our caffeine fix, we rush – still slightly shaky – to **EthniCon** (Takkeciler Sokak 49-51), offering unique carpets and rugs, displayed in a minimalist interior lacking any unnecessary ornaments. All of the items on sale would serve as the perfect decor for the home – the only problem is, which one to choose? What colour? What style? In

fot. Robby Cyron

zdecydować? Żeby podjąć właściwą decyzję, warto rozważyć wszystkie za i przeciw w pobliskiej **Ay Cafe.** Uff… Co dalej? Dalej stoi przed nami otworem **Chalabi** (Sandal Bedesten Sokak 6) z antykami i starą, pochodzącą z czasów osmańskich biżuterią prowadzony przez jedną z najstarszych kupieckich rodzin w Stambule. Potem mamy jeszcze sklep specjalizujący się w antycznych tkaninach **Muhlis Günbatti** (Parçacilar Sokak 48) – kilimach, kapach, zdobionych tunikach – z Uzbekistanu, Afganistanu i Turcji. A potem to nie mamy już pieniędzy i nie pozostaje nam nic innego, jak z resztką drobniaków i dziesiątkami paczek i paczuszek wydać ostatnie bazarowe tchnienie w **Ciliki Cafe**. Kawiarni słynącej z wypiekanych na miejscu smakowitych ciast, takich jak puszysty sernik czy pyszna, ciepła szarlotka z lodami waniliowymi… Życzymy smacznego i udanych zakupów! ■

order to make the right decision, why not sit down and consider all the pros and cons at the nearby **Ay Cafe**. Phew... What next? Next, we head to **Chalabi** (Sandal Bedesten Sokak 6), a shop operated by the oldest merchant families in Istanbul, selling antiques and old Ottoman jewellery. Next up, **Muhlis Günbatti** (Parçacilar Sokak 48), a stall specializing in antique textiles – kilims, bedspreads, ornamental tunics – from Uzbekistan, Afghanistan and Turkey. If, after all that, you are (understandably) short on cash, there is nothing better to do than to haul the dozens of accumulated bags and parcels to **Ciliki Cafe**, and spend your remaining change on its famous pastries – baked in-house – which include fluffy cheesecake and delicious apple pie, served hot with vanilla ice cream... Enjoy your meal, and have fun shopping! ■

fot. Robby Cyron

ALTAN SEKERLEME

Kible Çeşme Cd 96, 34134 Istanbul, tel. +90 212 522 5909 (B) Durağı

Czas osłodzić sobie trochę ciężkie życie wędrowca. Trudno o lepsze na to miejsce niż ta działająca od 1865 roku cukiernia, w której według sekretnych receptur potomkowie założycieli przygotowują na pięterku wybitne przysmaki sprzedawane następnie za ladą zainstalowaną w dniu otwarcia sklepu. Kupicie tu między innymi przepyszne lokum, nazywane inaczej tureckim przysmakiem, o smaku róży z dodatkiem pistacji; posypane wiórkami kokosowymi różne odmiany chałwy czy akide, twarde kolorowe cukierki będące przysmakiem sułtanów. Życie może być jednak słodkie! ■

It is time to sweeten up the traveller's tough life. It would be hard to find a more suitable place to do so than this cake shop, established in 1865. Inside, on the first floor, the descendants of the founders use ancient, secret recipes to prepare wonderful treats, which are then sold behind the counter, which has been in use since the opening day. Among other things, you can help yourself to a delicious lokum, also known as Turkish delight, flavoured with rose water and pistachios or sprinkled with dried coconut, or to akide, a colourful, hard candy – once the favourite dessert of the sultans. So it turns out that – after all – life is sweet! ■

fot. Robby Cyron

KIBLE ÇEŞME CD

Jeśli Grand Bazaar nie wyeksploatował was zanadto pod względem fizycznym oraz psychicznym i zachowaliście jeszcze niezbędny zapas sił, ruszajcie na ulicę Kible Çeşme Cd, gdzie zobaczycie nieznane szerszej publiczności oblicze Stambułu przypominającego raczej małą wioskę niż światową metropolię. Pośród sklepów z pompami, szczotkami ryżowymi i sznurkami kryją się tutaj małe lokalne knajpki z kebabami albo meze i ociekające słodyczą cukiernie. Siedząc przy wystawionych na zewnątrz małych stoliczkach, wybierzcie jeden z tych pod numerem 34, bo to tam podają przysmak Bogów – pyszny pudding z kurczakiem Kazandibi. Godzinami można wgapiać się w lawirujących między stolikami handlarzy z ruchomymi straganami na kółkach wypełnionymi owocami i warzywami oraz innych przedstawicieli lokalnej przedsiębiorczości. O takie wrażenia gdzie indziej jest już dzisiaj coraz trudniej. ■

If you do not feel physically and mentally drained by the Grand Bazaar and have the strength to carry on exploring, hit the street called Kible Çeşme Cad, where you can witness a side of Istanbul not known to the wider audience. Here, the city resembles not so much a global metropolis as a tiny hamlet. Among the stores – selling pumps, rice brushes and string – sit the hidden neighbourhood kebab shops and bistros, as well as patisseries overflowing with sweets. Sitting by a street-side table – go to stall no. 34, which sells a divine dish called kanzadibii, a delicious chicken pudding – you can stare for hours at the meandering salesmen with their trolleys full of fruit and veg, not to mention other representatives of the local business community... Nowadays, sights like these are more and more difficult to come by. ■

IN

TULU

Űçler Sokak 9/1, 34771 Istanbul (T) Sultanahmet, tel. +90 212 518 8710, www.tulutextiles.com

Ten jeden z najpiękniejszych sklepów w mieście założyła Amerykanka Elizabeth Hewitt. Kupicie tu przeróżne przedmioty do domu i bajkowej wprost urody tkaniny w żywych kolorach i z nadrukami, dla których inspiracją była turecka i orientalna sztuka z XVI i XVIII wieku. Owe orientalne nadruki pojawiają się m.in. na jaskrawych poduszkach, obok których mamy jeszcze komplety pościelowe, ręcznie tkane kapy na łóżka, stylowe chusty z jedwabiu i bawełny, torebki, kosmetyczki oraz wiele innych oryginalnych akcesoriów. ■

One of the most stunning shops in the city, founded by an American, Elizabeth Hewitt. It sells various items for the home and fairy-tale fabrics featuring vibrant colours and prints inspired by Turkish and Oriental art from the 16th-18th centuries. These oriental prints appear, among others, on the dayglo cushions. Apart from that, they also carry bedding, hand-woven bedspreads, stylish silk and cotton scarves, handbags, cosmetics purses and countless other original accessories. ■

S

TARG EGIPSKI/EGYPTIAN MARKET/MISIR ÇARŞISI

Rüstem Paşa Mh., 34116 Istanbul Ⓣ Eminönü, pon.-sob. 9-19 Mon-Sat 9am-7pm

Targ Egipski mieści się w jednym z najbardziej klimatycznych zakątków miasta – pod arkadami pochodzącymi z 1660 roku. W poszukiwaniu egzotycznych ziół i wschodnich aromatów dzień w dzień ściągają na niego nieprzeliczone tłumy miejscowych i turystów z całego świata. Można tu kupić właściwie wszystko, co potrzebne jest w kuchni: suszone daktyle, turecką kawę, łakocie, cynamon, szafran, oliwki, miody i sery oraz inne zdrowe i ekologiczne towary. Można też kupić wyjątkowo oryginalne suweniry mniej przydatne w kuchni, ale momentami niezbędne w sypialni, jak turecka wersja viagry i przeróżne pobudzające do działania specyfiki. Na koniec wędrówki po targu można też zajrzeć na lunch do restauracji Pandeli, w której jedzenie nie jest pierwszej klasy, ale wystrój przywołujący pamięć chwalebnej przeszłości miasta – jak najbardziej. Zresztą z tym jedzeniem też musiało być kiedyś znacznie lepiej, bo skąd wziąłby się ten oprawiony w ramki liścik o treści „The greatest meal in Istanbul" podpisany przez Romana Polańskiego? ■

The Egyptian Market is located in one of the most atmospheric parts of town, beneath an arcade dating back to 1660. Every day, it attracts hoards of tourists and locals on the quest to find the best exotic herbs and eastern flavours. Here, you will purchase virtually everything you can dream of in terms of cooking: dried dates, Turkish coffee, sweets, cinnamon, saffron, olives, honey and cheese – plus lots of other healthy and organic products. You can also get unique souvenirs less useful in the kitchen, but sometimes necessary in the bedroom: Turkish viagra and other types of stimulants. When your tour of the market draws to an end, why not grab lunch at the Pandeli restaurant: the food may not be first class stuff, but the decor – which evokes memories of the city's glorious past – is quite something. Indeed, the food must have been tastier back in the day...Otherwise, where would they have got that framed note that reads "The greatest meal in Istanbul," signed 'Roman Polanski'? ■

B

bary/kluby bars/clubs

EMINÖNÜ | SULTANAHMET

SOPHIE TERRACE

Four Seasons Hotel, Tevkifhane Sokak 1, 34110 Istanbul, www.fourseasons.com/istanbul
(T) Sultanahmet, codziennie open daily

Moc luksusu i kolejny z cyklu magicznych widoków, tym razem na imponujące zabytki: Hagia Sophia, pałac Topkapi i Błękitny Meczet – oto, co oferuje nam taras w hotelu Four Seasons. Hotelu, który mieści się w budynku starego więzienia wybudowanego w roku 1918 i działającego do roku 1970. W trakcie tureckiej batalii o niepodległość darmowy nocleg, wikt i opierunek znalazło w nim wielu pisarzy, artystów i myślicieli, którzy trafili za kraty z powodu swoich nieprawomyślnych przekonań. Teraz nikt tu już nikogo siłą nie trzyma. Nie ma takiej potrzeby, bo wspomniane luksusy i przepiękny widok sprawiają, że niejeden dobrowolnie zgłosiłby się do odbycia kary długoletniego pozbawienia wolności. ■

A wealth of luxury and yet another instalment in the "magical vista" series, with the view this time overlooking several impressive monuments: the Hagia Sophia, Topkapi Palace, and the Blue Mosque. This is what the terrace at the Four Seasons has to offer. The hotel itself is housed in a former jail, built in 1918 and operational until 1970. During the Turkish struggle for independence, a good many writers, artists and thinkers found free-of-charge accommodation here, all because of their unorthodox beliefs. Today, no one will force you to stay the night here. There is no such need: the luxuries and beautiful views leave many people perfectly willing to serve a penalty of long-term imprisonment. ■

BEYOĞLU
TAKSIM
GALATA

HOTELE | HOTELS

1. LUSH HOTEL, Sıraselviler Cd 50
2. HOTEL NEXT 2, Koca Ağa Sk 10
3. WITT SUITE, Defterdar Yokuşu 26
4. THE HOUSE HOTEL GALATASARAY, Bostanbaşı Cd 19
5. THE 4 FLOORS, Tercüman Çk 20

RESTAURACJE | RESTAURANTS

6. MIMOLETT, Sỳraselviler Cd 55A
7. CHANGA, Sỳraselviler Cd 47
8. CAFE 49 ÇUKURCUMA, Turnacıbaşı Cd 49A
9. MIKLA, Meşrutiyet Cd 15
10. MANDABATMAZ, Olivia Geçidi 1A
11. KAFE ARA, Tosbağa Sk 2
12. MOREISH, Meşrutiyet Cd 67
13. KIKI ÇAY EVI, Faik Paşa Cd 30
14. CAFE SMYRNA, Akarsu Cd 29
15. WHITE MILL CAFE, Susam Sk 13
16. REFIK, Asmalı Mescit Cd 7
17. HELVETIA LOKANTA, Gen. Yazgan Sk 8A
18. SOFYALI 9, Sofyalı Sk 9
19. X RESTAURANT, Sadi Konuralp Cd 5
20. GÜNEY RESTAURANT, Kuledibi Şah Kapısı 6
21. GALATA KIVA, Galata Kulesi Sk 4

SKLEPY | STORES

22. MÜSTAMEL ESYA EVI, Turnacıbaşı Cd 38/1
23. KOP-ART, Turnacıbaşı Cd 3A
24. AZTEK ANTIKA, Faik Paşa Cd
25. A LA TURCA, Faik Paşa Cd 4
26. LEYLA SEYHANLI, Altıpatlar Sk 10
27. ASLI TUNCA, Nur-i Ziya Sk 20
28. AUTOBAN, Meşrutiyet Cd 64A
29. ÜMIT ÜNAL, Ensiz Sk 3
30. DENIZLER KITABEVI, İstiklal Cd 395
31. STOK 60/70, Serdar-ı Ekrem Cd 38
32. BUILDING FOOD LAB & APPAREL, Serdar-ı Ekrem Cd 27
33. BAHAR KORÇAN, Serdar-ı Ekrem Cd 9
34. LAUNDROMAT, Galip Dede Cd 93B

KLUBY | CLUBS

35. GHETTO, Kamer Hatun Cd 10
36. PEYOTE, Kameriye Sk 4
37. GIZLI BAHÇE, Nevizade Sk 27
38. HENGAME, Sahne Sk 6/1
39. DOGZSTAR, Kartal Sk 3
40. INDIGO, Akarsu Sk 1
41. BABYLON, Şehbender Sk 3
42. BADEHANE, Gen. Yazgan Sk 5
43. OTTO SOFYALI, Sofyalı Sk 22A
44. 360 ISTANBUL, İstiklal Cd 311

SZTUKA | ART

45. GARAJ ISTANBUL, Kaymakam Reşat Bey Sk 11A
46. GALERI APEL, Hayriye Cd 5A
47. BORUSAN MUSIC HOUSE, İstiklal Cd 211
48. ARTER, İstiklal Cd 211
49. MISIR APARTMENT, İstiklal Cd 311
50. IKSV, Sadi Konuralp Cd 5
51. ISTANBUL MODERN, Meclis-i Mebusan Cd 4

100 m

Taksim
M
Tarlabaşı Blv
İstiklal Cd
Sıraselviler Cd
Meşelik Sk
Kazancı Ykş.
Pürtelaş Sk
Başkurt Sk
Billurcu Sk
Atıf Yılmaz Cd
Balo Sk
Kalyoncu Kulluğu Cd
Ömer Hayyam Cd
Emin Cami Sk
Aynalı Çeşme Cd
Hamalbaşı Cd
Meşrutiyet Cd
Turnacıbaşı Cd
Ayhan Işık Sk
Sadri Alışık Sk
Maç Sk
Yeni Çarşı Cd
Acara Sk
Altıpatlar
Cihangir Cd
Güneşli Sk
Refik Saydam Cd
Eski Çiçekçi Sk
Nur-i Ziya Sk
Hayriye Cd
Çukur Cuma Cd
Türkgücü Cd
Matara Sk
Havyar Sk
Akarsu Ykş.
Şimşirci Sk
Kumrulu Ykş.
Susam Sk
Kumrulu Sk
Orhan Adlı Apaydın Sk
Asmalı Mescit Cd
Tomtom Kaptan Sk
Minare Sk
Defterdar Yokuşu
Tüfekçi Salih Sk
İlyas Çelebi Sk
Tercüman Çk
Örtme Altı Sk
Şah Kulu Bostan Sk
Kumbaracı Ykş.
Boğazkesen Cd
Sanatkarlar Mektebi Sk
Meclis-i Mebusan Cd
Ensiz Sk
Galip Dede Cd
Serdar-ı Ekrem Cd
Büyük Hendek Cd
Okçu Musa Cd
Şair Ziya Paşa Cd
Tophane İskele Cd
Lüleci Hendek Cd
Kemeraltı Cd
Galata Kulesi Sk
Yüksek Kaldırım Cd
Necatibey Cd
Mumhane Cd
Kemankeş Cd
Maliye Cd
Bankalar Cd
Perşembe Pazarı Cd
Tersane Cd
Galata Kpr.
Bosfor
1 2 3 4 5 6 7 8 9 10 11 12 13 14 15 16 17 18 19 20 21 22 23 24 25 26 27 28 29 30 31 32 33 34 35 36 37 38 39 40 41 42 43 44 45 46 47 48 49 50 51

ÇUKURCUMA

Çukurcuma to kawał historii, której początek sięga jeszcze czasów powstawania imperium osmańskiego. Kiedy dzielny sułtan Mehmed II zdobył Konstantynopol, tutaj właśnie odbył pierwszą modlitwę piątkową. Stąd właśnie nazwa tej części miasta, bo „çukur" oznacza pochyłość – a trzeba wiedzieć, że ten rejon jest nisko położony – a „cuma" to piątek.

Çukurcuma is a piece of history which dates back to the creation of the Ottoman Empire. When the brave Sultan Mehmed II rode into Constantinople, this is where he held his first Friday prayers. Hence the name of the area: "cukur" means the slope (the area here is low-lying), while "cuma" means Friday.

Çukurcuma zajmująca dzisiaj centrum modnej dzielnicy Beyoğlu – określanej mianem stambulskiego Soho – to prawdziwy labirynt krętych uliczek. Labirynt o charakterze nastrojowego targu ze starociami, wśród którego znajdziemy sklepy z antykami i używaną odzieżą, galerie, luksusowe butiki, knajpki najróżniejszego autoramentu oraz piękne zabytkowe budynki. Niemal na każdym kroku Wschód łączy się tu z Zachodem, to, co ponadczasowe, z tym, co ulotne, a modne z tym, co gdzie indziej dawno poszło w zapomnienie. To właśnie ta niebywała kolorowa mieszanka wszystkiego ze wszystkim nadaje ten niezwykły pełen uroku charakter dzielnicy, jakiemu poddajemy się bez reszty, buszując po jej zakamarkach. Wszystko to, co gdzie indziej wydawałoby się nam niedorzecznym kontrastem, zdaje się nam wtedy zupełnie naturalne. Nie dziwi nas ani trochę, że obok baru z grupą ekscentrycznie ubranych hispsterów mieści się tawerna chroniąca przed promieniami dokuczliwego słońca starych Turków popijających mocno przesłodzoną miętową herbatę. Nie dziwią tajemnicze okryte czarnym czadorem kobiety idące ramię w ramię z egzotycznymi pięknościami wystrojonymi w ciuchy z najnowszych kolekcji. Nie dziwi nic... No może poza tym, że są jeszcze na świecie miejsca tak nieprawdopodobnie różnorodne... ■

Çukurcuma – sitting at the very centre of today's trendy district of Beyoglu, known as Istanbul's equivalent of Soho – is a veritable labyrinth of winding streets. In fact, it is a labyrinthine antique market, where we'll find stores selling antiques and used clothes, art galleries, luxury boutiques, a wide assortment of bars and plenty of beautiful historic buildings. Almost at every step, we see a mix of east and west, of the timeless and the ephemeral, of the fashionable and the long since forgotten... It is this incredibly colourful mix of everything with everything else which conjures the extraordinary, charming character of the area. We were glad to fully surrender to this mood while discovering the district's nooks and crannies. Things which elsewhere would have seemed an absurd contrast appear perfectly natural here. Thus, we were not one bit surprised that next to a bar flocked by a group of eccentric hipsters sits a tavern where old Turkish men hide from the irritating sunlight and sip on the sugary mint tea. We were not astonished by the mysterious women shrouded in a black chadors, strolling alongside exotic beauties dressed in the latest designer collections. We were not amazed by any of this... Except, perhaps, by the fact that such diverse places still exist in today's world... ■

fot. Courtesy The House Hotel

hotele hotels

BEYOĞLU | TAKSIM | GALATA

LUSH HOTEL

Siraselviler Caddesi 50, 34433 Istanbul, tel. +90 212 243 9595, www.lushhotel.com (T) Taksim

Dawny budynek mieszkalny dziś zamieniony w butikowy hotel. Do aranżacji każdego z 35 pokoi zabrał się osobiście współwłaściciel Lush, a jednocześnie architekt Elif Özdemir. Z wielką wprawą wymieszał przy tym najróżniejsze style i mody. Widzimy tu zatem elementy pop-artu, art nouveau, a nawet wpływy osmańskie. Doszło już nawet do tego, że apartament 104 pomylić można z turecką łaźnią! Jeżeli jednak traficie na pokój bez łaźni, to zawsze możecie skorzystać ze spa mieszczącego się na ostatnim piętrze hotelu. ■

This former residential building has now been converted into a boutique hotel. The decor for each of the 35 rooms was created personally by the co-owner and architect, Elif Özdemir. Using great skill, he mixed and matched a series of styles and trends, where elements of pop art or Art Nouveau mingle with Ottoman influences. So much so that suite 104 could easily be confused with a hammam! However, if you end up in a room without its own hammam, you can always use the spa, to be found on the top floor. ■

HOTEL NEXT 2

Kocaaga Sokak 10, 34433 Istanbul, Tel. +90 212 243 6656, www.hotelnext2.com (T) Galatasaray

Piękna stylowa kamienica w pełnej życia i pokus dzielnicy Beyoglu, kryjąca 11 nowocześnie zaaranżowanych, komfortowych pokoi. To idealna miejscówka dla wszystkich, którzy nastawiają się na wakacje na pełnych obrotach. Mówimy to z pełną odpowiedzialnością, bo Next 2 polecili nam znajomi wyjątkowo dobrze orientujący się, co w trawie piszczy. Na zachętę dorzucimy jeszcze, że za jedyne 50 euro możecie się tutaj spodziewać perfekcyjnej obsługi i wyjątkowo obfitego śniadania. ■

This beautiful and stylish townhouse – located in the vibrant, temptation-filled district of Beyoglu – has been arranged into 11 modern and comfortable rooms. A perfect spot for all those who fancy high-octane vacationing. We take full responsibility for the above, since Next 2 was recommended to us by a friend very much in the know about what's hot and what's not... As an extra incentive, we will add that for just 50 euros, you can expect top-shelf service and a very hearty breakfast. ■

THE 4 FLOORS

Tercuman Çikmazi 20, 34433 Istanbul, tel. +90 532 497 7921, www.4floorsistanbul.com (T) Tünel

Proszę szanownej wycieczki, znajdujemy się obecnie w bezpośredniej bliskości Galata, okolicy pełnej pokus porą wieczorową i pełnej kafejek oraz stylowych butików porą dzienną. Kamienica, przed którą stoimy, pochodzi z wieku XIX. Znajduje się w niej opisywany nawet w przewodniku z serii „IN" wysmakowany w każdym detalu hotel. The 4 Floors prowadzony i zaprojektowany przez architektów wnętrz Sema i Murata Topaloğlu. Na trzech pierwszych piętrach mieszczą się apartamenty z osobnymi sypialniami, łazienkami i aneksem kuchennym. Na piętrze czwartym znajduje się natomiast największy apartament z prywatnym tarasem i dodanym gratisowo porażającym widokiem na miasto. Do aranżacji wszystkich wnętrz wykorzystano naturalne materiały – drewno i kamień – co nadaje im nieco surowy, rustykalny charakter. Nie brakuje jednak bardzo pięknych akcentów, jak legendarne krzesła Eamesa, stylowe fotele, szezlongi we francuskim guście, skandynawskie dodatki. Możemy wszystkich zapewnić, że nocleg w takich warunkach to absolutnie wyjątkowe doświadczenie godne hiperkreatywnego Stambułu. Ku pokrzepieniu wycieczki dodamy jeszcze, że za to wszystko trzeba zapłacić dużo, ale nie aż tak dużo, ceny za noc startują już od 140 euro. I jeszcze jedno: gdybyście szukali miejsca, w którym należy się pokazać, walcie jak w dym do Murata, on wie na ten temat wszystko i chętnie się tą wiedzą podzieli. ■

Ladies and gentlemen, we are now in the vicinity of Galata, a neighbourhood renowned for its alluring club scene by night, and its chic cafe and boutique culture by day. The townhouse in front of us was built in the 19th century. It houses a trendy hotel which has been perfected right down to the last detail – and has even made its way into the IN series of city guides. The 4 Floors is operated and designed by the interior architects Sem and Murat Topaloglu. The first three floors consist of suites, each with separate bedrooms and bathrooms, as well as a kitchen area. The fourth floor is one big suite, complete with a private terrace and a free-of-charge panorama of the city. All of the interiors were decorated using natural materials – wood and stone – which endows them with a slightly raw and rustic character. However, there are a series of beautiful touches, including the legendary Eames chairs, stylish armchairs, French-style chaise longues, and Scandinavian decorative items. We can ensure you that spending the night in such style constitutes a truly exceptional experience worthy of Istanbul's hyper-creative character. Let us add that while you have to pay quite a lot for a night here, the price is not overly exaggerated – rates start at 140 euros. And one more thing: if you're looking for a place to go and be seen, feel free to ask Murat – he knows the topic inside out and is willing to share his covert knowledge. ■

IN

fot. Courtesy The House Hotel

THE HOUSE HOTEL GALATASARAY

Firuzaga Mah. Bostanbaşi Caddesi 19, 34433 Istanbul, tel. +90 212 252 0422
www.thehousehotel.com (T) Galatasaray

Stambuł, legendarna stolica dwóch mocarstw, zbudowany zostały na dwóch kontynentach i siedmiu wzgórzach. To właśnie na jednym z nich w dzielnicy Galata w przepięknej starej rezydencji z 1850 roku powstał The House Hotel Galatasaray, ekscytujący miks wschodniego przepychu i europejskiej elegancji. Za aranżację tego niezwykłego miejsca odpowiada jedna z najbardziej renomowanych w Turcji i bardzo popularna na świecie designerska firma Autoban. Lakierowane podłogi, wysokie sufity zdobione sztukaterią widoczną również na śnieżnobiałych ścianach i proste współczesne meble Autoban – oto czego możemy się spodziewać w każdym z 20 pokoi hotelu. Francja elegancja... Opuszczenie tak pięknego pomieszczenia będzie zapewne nie lada wyzwaniem, ale warto się przemóc, chociażby po to, żeby wdrapać się na ostatnie piętro kamienicy, gdzie mieszczą się restauracja oraz lounge z zapierającym dech w piersiach widokiem i romantycznym kominkiem. Mając na uwadze to, że w Stambule można zjeść równie dobrze jak w Paryżu, a zaszaleć lepiej niż na Ibizie, popełnilibyście bardzo poważny błąd, nie opuszczając tego cudownego hotelu. ■

Istanbul – the legendary capital of two empires – was built on two continents and seven hills. On one such hill, in the Galata district, stands The House Hotel Galatasaray. Occupying a beautiful 1850 mansion, it constitutes an exciting mix of Eastern splendour and European chic. This interior decor is the work of one of Turkey's favourite design companies, the globally renowned Autoban. Polished floors, high ceilings and snow-white walls decorated with stucco, as well as Autoban furniture – this is more or less what you may expect of each of the hotel's 20 rooms. Chic stuff, indeed... Leaving these beautiful premises may turn out to be quite a challenge. Still, it is worth trying, if only to ascend to the top floor, which houses a restaurant and lounge boasting breathtaking views and a romantic fireplace. Bearing in mind, however, that Istanbul's dining circuit could easily compete with Paris, and its party scene is even crazier than Ibiza's, spending the evening in this wonderful hotel and not hitting the town would be a grave mistake. ■

fot. © Witt Suite

IN

WITT SUITE

Defterdar Yokuşu 26, 34433 Istanbul, tel. +90 212 293 1500
www.wittistanbul.com Ⓣ Sali Pazari Duragi

Ten skromny budynek mieszkalny z lat 80. znajduje się na terenie kipiącej życiem kosmopolitycznej dzielnicy Beyoğlu (dawniej Pera). Patrząc na jego niczym niewyróżniającą się fasadę, trudno przypuścić, że kryje w sobie jeden z największych klejnotów architektury współczesnego Stambułu. Do Witt Suite zostaliśmy zaproszeni przez jednego z właścicieli Tuncela Topraka, który już po ukończeniu studiów marzył o założeniu hotelu zatopionego w codziennym życiu miasta. Trzeba powiedzieć, że to marzenie udało mu się zrealizować w stu procentach. 17 luksusowych apartamentów Witt Suite wyposażono w meble cenionej w świecie designu firmy Autoban, a będących olśniewającym mariażem hollywoodzkiego stylu lat 40. i czystego modernizmu. Jednak tym, co stanowi o absolutnej wyjątkowości pokoi, jest niebiański widok, który roztacza się z okien. Widok będący czymś na pograniczu jawy i snu. Dzieląca Azję i Europę cieśnina Bosfor, meczety, lśniące dachy kamienic, a wszystko na tle nieustannie zmieniającego kolory nieba. Oto Stambuł w całej swej zniewalającej okazałości! To tutaj od pierwszego wejrzenia zakochaliśmy się w tej pełnej kontrastów, fascynującej metropolii i pozostaliśmy tej miłości wierni nawet w znacznie mniej komfortowych warunkach. ■

This modest 1980s apartment block sits in the dynamic, cosmopolitan district of Beyoglu (formerly known as Pera). When inspecting its uncharacteristic facade, it is difficult to imagine that it hides one of modern Istanbul's most brilliant architectural gems. We were invited to Witt Suite by one of the owners, Tuncel Toprak. After graduating, he dreamed of setting up a hotel directly rooted in the everyday life of the city. We must say that he has managed to fully realize his dream. Witt Suite's 17 luxury suites are equipped with furniture by the renowned brand Autoban, constituting a marriage of the glamorous style of 1940s Hollywood and pure Modernism. However, what makes this spot well and truly unique is a heavenly view from the windows. It seems to depict the moment of twilight: the Bosphorus dividing Europe and Asia, mosques, gleaming rooftops – all this set on the backdrop of an ever-changing sky. Istanbul in all its mesmerizing glory! It was here that we fell madly in love with this contrasting, fascinating metropolis. And we stayed true to our love, even when moving on to less comfortable surroundings. ■

fot. Courtesy 360 Istanbul

R

restauracje/kawiarnie restaurants/cafés

BEYOĞLU | TAKSIM | GALATA

SMAKI STAMBUŁU

Turcy lubią dobrze zjeść. Nie. Za mało powiedziane. Oni uwielbiają jeść. Jedzenie jest wręcz ich narodową pasją. Podobnie jak piłka nożna. Widzieliście kiedyś, jak zachowuje się Turek, kiedy przegrywa jego ulubiona drużyna? Jeżeli nie, to zapewniamy was, że nie jest to przyjemny widok.

fot. Robby Cyron

Podobnie zachowywałby się pewnie Turek głodny. Tyle że tacy w przyrodzie generalnie nie występują. Za dużo jest tu wkoło jedzenia. Kiedy tak o tym myślimy, śmiało możemy uznać, że jest ono nawet jednym z ważniejszych powodów, dla których można się zakochać w Stambule (zakładając oczywiście, że zakochujemy się z jakiegoś powodu). Nasz przewodnik zaprowadzi was w związku z tym zarówno do ekskluzywnych restauracji, gdzie najwymyślniejsze dania idą w parze z niewyobrażalnymi widokami, jak i do zwykłych tawern, w których podają mezze i przyrządzane według tradycyjnych osmańskich receptur dania popijane raki. Ale zanim zasiądziecie w jednej z nich, dobrze rozejrzycie się wkoło. Zajrzyjcie we wszystkie zaułki, ciemne uliczki, zakamarki i dziury w ścianach. Wypatrujcie uważnie, spacerując nad wodą i lansując się na majestatycznych bulwarach i alejach. Zachowajcie czujność na każdym kroku, bo prawdziwy smak Stambułu może być na wyciągnięcie ręki. Tuż-tuż… W dowolnej chwili może się pojawić stragan albo uliczny handlarz oferujący delicje będące do tej pory tylko sennym marzeniem. I nie myślimy tu bynajmniej o kebabach. Myślimy o naszych ulubionych frykasach, których listę przedstawiamy poniżej.

R

fot. MN

THE TASTES OF ISTANBUL

Turks like their food. No, that's an understatement. They simply love to eat. Food is their national past-time. Just like football. Have you ever seen a Turk whose favourite team has just lost a match? If not, we assure you that it is not a pleasant sight.

Turks surely behave in a similar way when they get hungry. Just that hungry Turks do not seem to exist in the natural environment. There is simply too much food everywhere. Come to think of it, we may confidently state that food is one of the major reasons for falling in love with Istanbul (assuming, of course, that you fall in love for a reason). Therefore, our guide will take you both to exclusive restaurants, where the most exquisite dishes go hand in hand with unbelievable views, as well as to ordinary taverns serving meze and traditional Ottoman recipes washed down with raki. But before you sit down in one of them, take a good look around. Peek into each and every dark alley, back street, street corner and hole in the wall. Look carefully when walking along the waterline, or down the majestic boulevards and avenues. Stay alert at any given moment, as the true taste of Istanbul could be right under your nose... A stall or street vendor may appear out of the blue, offering you a delicacy which had earlier been but a dream... And no, we don't mean kebabs. We're talking about our favourite treats, as described below...

Nadziewane małże – muszle nadziewane ryżem z przyprawami sprzedawane przez ulicznych handlarzy prosto z tacy. Sami nie wiemy dlaczego, ale najlepiej smakują pomiędzy kolejnymi drinkami, czyli konkretnie rzecz ujmując, między jednym a drugim, a potem trzecim i czwartym barem…
Badem – to migdały na lodzie podawane w podobny sposób jak małże, czyli wprost z oblodzonej tacy. Jak osobiście sprawdziliśmy, najlepiej komponują się z raki.
Kumpir – świeżo pieczone ziemniaki z przeróżnymi dodatkami: oliwkami, kukurydzą, serem, grzybami i marynowaną kapustą, których zapachem na wszelkie sposoby kuszą stragany malowniczego Ortaköy. Koniecznie trzeba spróbować.
Cig kofte – jak moglibyśmy zapomnieć o wegetarianach?! I nie zapominamy. Cig kofte to bezmięsne pszeniczne pulpety z pomidorami, cebulą i pikantną papryką doprawione aromatycznymi ziołami. Nie dość, że pyszne, to jeszcze zdrowe!
Lokum – kiedyś był to bardzo ekskluzywny przysmak podawany tylko na dworze sułtana. Dziś nieco się spauperyzował i dostępny jest za każdym rogiem w najrozmaitszych, często ulepszonych wariantach. W tym wypadku pozostajemy jednak tradycjonalistami i zdecydowanie optujemy za oryginalną wersją, czyli delikatną galaretką zatopioną w cukrze pudrze.
Balik ekmek – tę zwykłą, a jednak niezwykłą, bułkę z grillowaną rybą możemy zjeść już o świcie na targu rybnym Balik Pazan, gdzie serwowana jest wprost z łódki wracającej z nocnego połowu. Później sprzedaje się ją z przypominających weneckie gondole „pływających kuchni" bogato zdobionych osmańskimi ornamentami. Tak czy inaczej w dobrym tonie jest popijanie balik ekmek, salgam, czyli sokiem z peklowanych ogórków.

No i skoro o popijaniu mowa, to czas na **boza** – typowo turecki napój, którego historia sięga X wieku, kiedy to Turcy zapuścili się w głąb Azji Środkowej. Przyrządza się go ze sfermentowanego jęczmienia i pity z dodatkiem cynamonu. Na szczególne wyróżnienie zasługują handlarze boza mający tę niezwykłą cechę, że najpierw ich słychać, a potem dopiero widać… ■

fot. Robby Cyron

Stuffed mussels – mussels stuffed with rice and spices, sold by street vendors straight from the tray. We have no idea why, but they seem to taste best between successive rounds of drinks – or, precisely speaking, between one bar and another, and then between a third and a fourth...
Badem – almonds on ice, served similarly to the mussels, or straight from an icy tray. We may personally attest that they go best with raki.
Kumpir – fresh baked potatoes with a selection of toppings: olives, maize, cheese, mushrooms and pickled cabbage, the scent of which tempts customers to stalls in beautiful Ortakoy. A must.
Cig kofte – you thought we forgot about the vegetarians? Fret not, we have something for you too: cig kofte, a meatless wheat patty with tomatoes, onions and peppers, seasoned with spicy aromatic herbs. Not only delicious, it's also healthy!
Lokum – once an exclusive delicacy served only in the Sultan's court, it has now become pauperized and is available on every corner in its various, and often improved, forms. In this case, however, we take the traditional approach and opt for the original – a delicate jelly iced with powdered sugar.
Balik ekmek – this simple and yet not so simple grilled fish bun can be eaten at dawn at the Balik Pazan fish market, where it is served straight from boats returning to port with the night's catch. Later on, it is sold from "floating kitchens" resembling Venetian gondolas with richly decorative Ottoman elements. Anyhow, it is in good taste to wash down a serving of balik ekmek with salgam, or pickled cucumber juice.

Speaking of drinks, it's time to grab a **boza** – a typically Turkish drink dating back to the 10th century, when the Turks made their way deep into Central Asia. It is prepared from fermented barley and served with cinnamon. Boza sellers merit special attention: typically, they are heard before they are seen... ■

fot. Courtesy Changa

CHANGA

Siraselviler Caddesi 47, 34433 Istanbul, tel. +90 212 249 1348, www.changa-istanbul.com
Ⓣ Taksim, pon.-sob. 18-1 Mon-Sat. 6pm-1am

Ta elegancka i wyrafinowana restauracja zajmuje trzy poziomy kamienicy wybudowanej w stylu art nouveua. Zachowano w niej sporo oryginalnych elementów, jak rzeźbione drewniane sufity czy pokryte patyną czasu ściany z wyblakłym rysunkiem. Wśród nich widzimy stoły przybrane klasycznymi białymi obrusami i świetnie komponujące się z całością czarne krzesła Eamesa. W jednej z sal zainstalowano też świetlik w podłodze – kapitalny pomysł! – przez który możemy podziwiać kuchenne wyczyny zespołu działającego pod batutą Petera Gordona. To właśnie dzięki niemu Changa zdobyła poświadczoną wieloma kulinarnymi nagrodami renomę. O niezwykłym talencie mistrza Gordona przekonaliśmy się zresztą osobiście, jedząc wyśmienite tortellini nadziewane łososiem z wasabi w kremowym sosie z trawy cytrynowej, a potem podawaną na deser galaretkę z zielonej herbaty i szampana z owocami. Palce lizać! ■

This elegant and sophisticated restaurant occupies three stories of an Art Nouveau townhouse. It has retained many original features, such as carved wooden ceilings and walls featuring drawings faded with time. Among these decorations, there are tables laid with classic white tablecloths, which go well with the black Eames chairs. In one room, there is a skylight in the floor – brilliant idea! – through which we may admire the culinary feats of a team headed by Peter Gordon. Thanks to him, Chang has earned itself a great reputation, confirmed by a number of culinary awards. We got a taste of maestro Gordon's extraordinary talent whilst enjoying the delicious salmon-and-wasabi tortellini in a creamy lemongrass sauce, and green tea and champagne jelly with fruit for dessert. Finger-licking good! ■

R

fot. Robby Cyron

LUNCH

CAFE 49 ÇUKURCUMA

Turnacibaşi Caddesi 49 A, 34440 Istanbul, tel. +90 212 249 0048 (T) Galatasaray, codziennie 10-22 daily 10am-10pm

Çukurcuma to dzielnica pełna sklepów vintage i solidnych antykwariatów dla poważnych kolekcjonerów. Buszując pośród zgromadzonych w nich skarbów, wcześniej albo później będziecie musieli poczuć się przytłoczeni ogromem tych wspaniałości i – co tu dużo gadać – zmęczeni. Wtedy w sukurs przyjdzie wam właśnie Cafe 49 Çukurcuma. Tu odpoczniecie i nabierzecie animuszu do dalszych poszukiwań. Jest to bardzo klimatyczna kawiarnia z ceglanymi ścianami i drewnianymi stolikami, na których ustawiono świeże kwiaty. Żeby było ciekawiej, to na samym środku znalazł się jeszcze dość nieoczekiwanie stary przemysłowy szyb... Do jedzenia mamy sałatki, kanapki i pizze. Uwaga! Można też kupić od ręki jakiś znajdujący się na stanie mebelek. ■

Çukurcuma is a neighbourhood full of vintage shops and traditional antique stores for serious collectors. Browsing through these treasure troves, sooner or later you'll begin to feel overwhelmed by the vastness of these collections, and, well, tired. But fret not! Cafe 49 Çukurcuma is here to save the day... Here, you can rest and gather strength for further quests. It's an atmospheric cafe with brick walls and wooden tables decorated with fresh flowers. To make things even more interesting, in the middle there is an old industrial shaft... The menu lists salads, sandwiches and pizzas. Note: the furniture is potentially also up for sale. ■

HELVETIA LOKANTA

IN

Yazgan Sokak 8A, 34440 Istanbul, tel. +90 212 245 8780 (T) Tünel
pon.-sob. 8-22 Mon-Sat 8am-10pm

O takich miejscach mówimy, że mają duszę. O tym powiedzieć możemy jeszcze, że ma świetną kuchnię, zajmującą notabene przynajmniej jedną trzecią powierzchni. Codziennie przygotowywane są w niej różne lokalne specjały, najczęściej wegetariańskie. Gośćmi tej restauracji są głównie hipsterzy i cała reszta stambulskiej bohemy, z Husseinem Chalayanem na czele, którego ulubioną potrawą jest menemen, czyli jajka z pomidorami, papryką, cebulą i przyprawami. Kto w jajach nie gustuje, znajdzie sobie na pewno inny ulubiony przysmak w codziennie wypisywanym na specjalnej tablicy menu. ■

Such places are said to possess a soul. We may also say that this very spot possesses a brilliant kitchen, which actually occupies at least a third of the total floor area. Every day, it cooks up various local specialities – mostly vegetarian fare. The patrons consist mainly of local hipsters and the rest of them Istanbul bohemians, headed by Hussein Chalayan – whose favourite dish is menemen, or eggs with tomatoes, peppers, onions and spices. If you don't take a liking for eggs, the blackboard menu – updated daily – will surely list another dish to suit your fancy. ■

GÜNEY

Kuledibi Şah Kapisi 6, 34420 Istanbul, www.guneyrestoran.com (T) Tünel
pon.-sob. 7-22 Mon-Sat 7am-10pm

Cały czas nie opuszczamy okolicy Galaty. Güney to numer dwa na liście polecanych przez nas miejsc w tym rejonie. Lunch smakuje tu wyjątkowo dobrze w ogródku, w którym konsumujemy go w zacnym towarzystwie tubylców. Specjalnością lokalu są przystawki i dania z Anatolii, o ich jakości najlepiej przekonacie się, jedząc mocno przyprawioną zupę z soczewicy. Nie dość, że pyszną, to jeszcze sycącą. ■

Let's stay in the Galata neighbourhood for a while. Güney takes second place when it comes to places recommended by us in the district. Lunch tastes especially scrumptious in the garden, where it is taken in the noble company of locals. Specialities include a number of hors d'oeuvre and main dishes from Anatolia. To get a feel of the quality for the food, try the spicy lentil soup. It's not only delicious, but also substantial and filling. ■

KIKI ÇAY EVI

IN

Faik Paşa Caddesi 30, 34440 Istanbul, tel. +90 212 244 8759
www.kiki.com.tr (T) Galatasaray

Maleńka herbaciarnia na parterze dawnego sklepu z antykami, do której wyjątkowo po drodze będzie wszystkim buszującym po pobliskich sklepach w poszukiwaniu osmańskich skarbów. Kiki Çay Evi wyjątkowo upodobała sobie lokalna bohema uwiedziona jej bezpretensjonalną atmosferą i artystycznym wystrojem. I trzeba powiedzieć, że w tym wypadku upodobaniom bohemy ani trochę się nie dziwimy. ■

A small tea house located on the ground floor of a former antique store. It is located directly on the route taken by people who browse nearby shops in search of Ottoman treasures. Kiki Cay Evi is a favourite among the local bohemian community, which has been allured by its unpretentious ambiance and arty style. We must say that in this instance, we are not one bit surprised by our bohemian friends' taste. ■

fot. Courtesy Galata Kiva

GALATA KIVA

Galata Kulesi Sokak 4, 34420 Istanbul, tel. +90 212 292 9898 (T) Tünel, codziennie 8-24 daily 8am-12am

Okolica wieży Galata roi się od fajnych restauracji, kawiarni i knajpek. Mimo tej ogromnej konkurencji naszą ulubioną okazała się jednak Galata Kiva. Podają w niej wyśmienite w smaku potrawy z różnych rejonów Turcji, część z nich wybieramy z wystawionych na widok ciekawskich gablot i garmażerek. Nasza kulinarna uczta zdawała się nie mieć tutaj końca. Każde z degustowanych dań wydawało się lepsze niż poprzednie. Kubki smakowe szalały po kolejnym kęsie liści winogron nadziewanych fasolą – to specjał pochodzący ze starożytnego miasta Amasya – a o tym, co działo się z nimi przy pomidorach z orzechami marynowanych w słodkim syropie – wynalazek mieszkańców małej wysepki Bozcaada – wstyd nawet przy ludziach wspominać. Poprzestańmy na lakonicznym stwierdzeniu, że zarówno lunch, jak i niedzielny brunch w Galata to prawdziwy festiwal smaków! ■

The area around the Galata Tower is full of cool restaurants, cafes and pubs. Despite the fierce competition, Galata Kiva turned out to be our favourite. It serves delicacies from all over Turkey, some of which can be selected from the open fridges, set up with the more inquisitive guests in mind. Our culinary feast seemed never to end, and each next dish tasted better than the last. Our taste buds went crazy after biting into the vine leaves stuffed with beans – a treat from the ancient city of Amasya. What happened after we got our hands on the tomatoes with walnuts marinated in a sweet syrup – a dish invented on the small island of Bozcaada – is too much to mention here... Let's just say that both lunch and Sunday brunch at Galata is a veritable festival of flavour! ■

MIKLA

The Marmara Hotel, Meşrutiyet Caddesi 15, 34430 Istanbul, www.miklarestaurant.com (T) Galatasaray
pon-pt.12-15.30, 18.30-23.30 Mon-FR. 12pm-3.30pm, 6.30pm-11.30pm

Czy słyszeliście kiedykolwiek o turecko-skandynawskiej fuzji smaków? Pewnie nie... Cóż, my wcześniej też nie słyszeliśmy. Na szczęście, co się odwlecze, to nie... Mikla znajduje się na ostatnim piętrze luksusowego modnego hotelu, ale jeżeli ciągniemy was aż tak wysoko, to nie dlatego, że należy tu się pokazać, ale właśnie dlatego, że bezwzględnie należy jej spróbować (cały czas mowa o fuzji). Na szalony pomysł połączenia pozornie – jak się miało okazać – nieprzystających do siebie kulinarnych tradycji wpadł Mehmet Gurs, pionier kuchni innowacyjnej w Stambule. Co wybrać spośród oferowanych przez niego przysmaków? Służymy radą... W ramach przystawek proponujemy hamsi, czyli chipsy z anchois, lub sashimi grouper z koperkiem, szczypiorkiem, cytryną i kawiorem. Dalej na pierwsze danie kotleciki jagnięce z pistacjowym purée albo kurczaka pieczonego z odrobiną wody różanej z zapiekanymi warzywami z ciecierzycą. A na deser zupę malinową z lodami i lody pistacjowo-chałwowe. Kto chce, a chcieć powinni wszyscy, spróbować tych wspaniałości, musi jednak wcześniej zrobić rezerwację. ■

Ever heard about the Turkish-Scandinavian fusion of flavours? Probably not... Neither did we, before we found this place. Fortunately, all is not lost that is delayed... Mikla is located on the top floor of a fashionable luxury hotel – but we're not dragging you up here because this is a place where one goes to be seen, but where one goes to eat and taste the fusion... The crazy idea of combining seemingly incompatible culinary traditions came from Mehmet Gurs, a pioneer of innovative cuisine in Istanbul. Which of his delicacies should we select? Here is a word of advice... In terms of appetizers, we recommend the hamsi – anchovy chips – or sashimi grouper with dill, chives, lemon and caviar. For main course, lamb chops with pistachio puree, or roast chicken with a splash of rose water, served with roast veg and chickpeas. For dessert, raspberry soup with ice cream and pistachio-halva ice cream. Whoever wishes to try these treats – and everyone should wish to do so – must book in advance. ■

SOFYALI 9

Sofyali Sokak 9, 34440 Istanbul, tel. +90 212 245 0362, www.sofyali.com.tr (T) Tünel
pon.-sob.12-1 Mon-Sat 12pm-1am

Zdobycie w weekendowe wieczory wolnego stolika w Sofyali 9 graniczy z cudem. No ale cuda w końcu się przecież zdarzają... Dwa poziomy lokalu, a w ciepłe wieczory również spory taras szczelnie wypełniają tłumy lokalnej ludności, turystów, obok których licznie reprezentowani są panowie kochający zupełnie inaczej. I jednych, i drugich przyciągają tu pyszna domowa turecka kuchnia – menu zmienia się codziennie – oraz niskie ceny. Zakładając, że cud wolnego stolika stanie się waszym udziałem, zamówcie na początek zimne i ciepłe meze köpeoğlu, czyli marynowanego czosnkowego bakłażana ze świeżo zrobionym jogurtem. W ramach dania głównego proponujemy rybę doprawioną świeżymi ziołami albo pyszne mięsa z grilla. Gdyby zdarzyło się jednak tak, że weekendowy cud nie nastąpi, spróbujcie tu zajrzeć w inny dzień tygodnia w porze lunchu. Zjecie równie dobrze i tanio, a tłoku nie będzie. ■

On the weekends, finding a free table at Sofyali 9 borders on the miraculous. Still, miracles do happen... The joint's two stories – and, on warm evenings, also the terrace – are packed with locals and tourists, as well as a fair amount of men who fancy other men. All of them are drawn to this place by its delicious, home-style Turkish cuisine – the menu changes every day – and low prices. Assuming that you are one of the lucky few to take part in the "free table miracle", start by ordering cold and warm meze, such as köpeoglu, or garlic-marinated eggplant with fresh yoghurt. For the main course, we recommend the fish, seasoned with fresh herbs, or the succulent grilled meats. If, however, this weekend miracle were not to happen, try dropping by on a weekday during lunch time. The food is equally tasty and cheap, but the crowds will be gone. ■

R

fot. Courtesy Mikla

DE LUX

CAFÉ

fot. Robby Cyron

MANDABATMAZ

Olivia Geçidi 1A, 34440 Istanbul (T) Galatasaray

Stambuł, podobnie jak resztę znanego nam świata, opanowała epidemia wyrobów kawopodobnych, czyli rozmaitych latte, cappuccino, frapuccino i innych „ccino". Na szczęście uchowały się jeszcze miejsca, w których można się napić podawanej w miniaturowych filiżankach oryginalnej czarnej, zawiesistej kawy „à la turca". Jedno z nich to właśnie Mandabatmaz, kafejka, a właściwie dziura w ścianie ze stolikami i niskimi taboretami wystawionymi na małą uliczkę. Bez wątpienia najlepszą kawę w mieście parzy tu – zdaje się już od wieków – Cemil Pilik. Spróbujcie, a poczujecie się jak po zażyciu ożywczego eliksiru. Ale zanim spróbujecie bardzo przydatna w tych okolicznościach – krótka lekcja tureckiego. Zatem, zamawiając kawę bez cukru, mówimy „şekersiz", kto woli z cukrem, powinien z kolei powiedzieć „çok şekerli". Proszę bardzo, powtarzamy. ■

Like every other city we know, Istanbul too is gripped by the coffee craze: lattes, cappuccinos, frapuccinos and a host of other -ccinos. Fortunately, there are still a few places where you can get a traditional coffee "à la turca": black, thick and served in a tiny cup. One such place is Mandabatmaz, a cafe – or more like a hole in the wall – with low tables and stools flowing out onto a small street. What is doubtless the best coffee in town has been brewed by Cemil Pilik for what must be ages. Try it, and you will instantly feel like having consumed a life-giving elixir. But before you do that, here is a short lesson in Turkish, which may turn out quite useful in these circumstances. So, when ordering coffee without sugar, say "şekersiz", or if you prefer yours with sugar, say "cok şekerli". Now, repeat after us. ■

R

fot. Courtesy Mimolett

DE LUX

MIMOLETTE

Siraselviler Caddesi 55A, 34433 Istanbul, tel. +90 212 245 9858, www.mimolett.com.tr, (M) Taksim, godz. Restauracja -pon-sob. 19-24, bar – pon-sob.15-2 Restaurant – Mon-Sat. 7pm-12am, bar – Mon-Sat. 3pm-2am

Wcześniej albo później ktoś tę gwiazdkę Michelina zdobyć musiał. Nie przypadkiem jako pierwszej udało się to właśnie restauracji Mimolett. Wielka w tym zasługa jej szefa kuchni Murata Bozoka, który kulinarny kunszt doskonalił pod okiem takich mistrzów jak Gordon Ramsay czy Joël Robuchon. Z niespotykaną maestrią połączył on tutaj francuską technikę z lokalnymi przysmakami, w efekcie czego powstały trzy rodzaje menu oraz dania tak wyborne, jak foie gras z konfiturami z pigwy, jagnięcina sauté z bakłażanem, sałatka z soczystych pomidorów z dodatkiem sosu lawendowego czy sernik podawany na deser zamiast tureckiego kajmaku. Do tych wykwintnych smakołyków idealnie dopasowane jest wnętrze lokalu z aksamitnymi zasłonami, bogatymi żyrandolami Murano i pałacowymi malowidłami Ismaila Acara. Kto jednak nade wszystko ceni sobie bajkowe przeżycia, kolację w Mimolett powinien zjeść na tarasie z widokiem na zatopiony w promieniach zachodzącego słońca Bosfor. Po wszystkim można też zrobić zakupy w mieszczącym się na miejscu sklepie z winami. ■

Sooner or later, someone had to get that Michelin star. It is no coincidence that the first restaurant to receive this accolade was Mimolett. Much credit goes to the head chef, Murat Bozok, who perfected his culinary skills under such maestros as Gordon Ramsey and Joël Robuchon. He combines French techniques with local delicacies to create food of an unparalleled virtuosity. He gives us three types of menus and dishes as exquisite as foie gras with quince confiture, sauté lamb with eggplant, or juicy tomato salad with lavender sauce, plus cheesecake for dessert (instead of the typical Turkish dulce de leche). These exquisite treats go hand in hand with the interior, featuring velvet curtains, decorative Murano chandeliers and the regal paintings by Ismail Acar. If, above all, you appreciate those fairy-tale moments, why not take your dinner on the terrace, which boasts a view overlooking the Bosphorus (preferably at sunset). After that, you can catch up on some wine purchases – the restaurant doubles up as a store. ■

MOREISH

Meşrutiyet Cd 67, 34440 Istanbul, tel. +90 212 245 6070, www.moreishrestaurant.com (T) Galatasaray
restrauracja pon.-sob. 18.30-23.30, bar pt.-sob. 23.30-4
restaurant Mon-Sat. 6.30pm-11.30pm, bar Fri-Sat. 11.30pm-4am

fot. courtesy Moreish

HIP

Niepodzielnie panujący w kuchni Moreish Coşkun Uysal i Esra Muslu, zanim osiedli w Stambule, zdobywali doświadczenie w najlepszych restauracjach Londynu i Melbourne. Perfekcyjnie skomponowane przez nich ingrediencje dają wyjątkowe w smaku i perfekcyjnie prezentujące się na talerzach dania. Na długo zapamiętamy smak zupy z bakłażana czy z pozoru zwykłego steku podawanego z gnocchi i grzybami z dodatkiem szpinaku oraz purée z wątróbek. Zwolennikom bezmięsności polecalibyśmy natomiast zniewalające risotto z grzybami z oliwą truflową bądź ricottę ze szparagami. Komu zostanie jeszcze trochę miejsca na deser, powinien zamówić skromne, ale rewelacyjne ciasto czekoladowe z lodami o smaku wody różanej. Bajka! Pełny brzuch to jednak nie wszystkie atrakcje, jakie może nam zapewnić Moreish, który w weekendy w okolicach północy zamienia się w klub taneczny. Jednak o tym, co wyczynialiśmy wtedy na parkiecie po jednym zaledwie kieliszku mojito z winogron, nie będziemy już wspominać. ■

Before settling down in Istanbul, Coşkun Uysal and Esra Muslu – who reign supreme in the Moriesh kitchen – gained professional experience in the best restaurants in London and Melbourne. A perfect combination of ingredients gives these dishes a unique flavour and flawless appearance. We will long cherish the taste of the eggplant soup, or that of the seemingly straightforward steak, served with gnocchi and mushrooms and accompanied by spinach and mashed livers. Fans of the meatless diet are encouraged to try the spellbinding mushroom risotto with truffle oil, or the ricotta with asparagus. If you still have some room for dessert, make sure to order the modest but delicious chocolate cake with rose-water ice cream. Fabulous! But Moreish does more than just fill a hungry stomach. On weekends – around midnight – it turns into a club. Out of decency, we will not describe what our dance-floor heroics looked like after we had consumed the grape mojito cocktail... ■

R

fot. Robby Cyron

DINNER

REFIK

Asmali Mescit Cd 7, 34440 Istanbul, tel. +90 212 243 2834, www.refikrestaurant.com (T) Tünel
codziennie 10-24 daily 10am-12am

Restauracje w Stambule nagminnie otwierają się tylko po to, żeby wkrótce się zamknąć. Ta należy do chlubnych wyjątków, bo działa nieprzerwanie już od roku 1954. Wszystko wskazuje zresztą na to, że stali bywalcy nie pozwolą, aby miało się to zmienić w dającej się przewidzieć przyszłości. Refik położony jest przy ulicy naszpikowanej knajpkami i barami. Wyróżnia się wśród nich oszczędnym i niewyszukanym wystrojem. Podają tu wyborne meze, czyli przystawki, świetnie komponujące się z narodowym tureckim trunkiem – raki. Jedyny problem, jaki się pojawił, to kwestia komunikacji z kelnerami. Nasz turecki jest stosunkowo marny, podobnie jak ich polski i angielski. Ale od czego mamy palec wskazujący? Za jego pomocą możemy pokazać wybrane danie na talerzach współbiesiadników albo w garmażerce. A wierzcie nam, że jest co pokazywać. ■

Restaurants in Istanbul have the habit of following up their grand opening with... a grand closing. This is one of those honourable exceptions – it has been operating non-stop since 1954. As things stand, it seems that the regulars will not allow this to change any time soon. Refik is located on a street studded with pubs and bars. It stands out with its simple and unpretentious decor. They serve fabulous mezes – or appetizers – which perfectly complement the Turkish national drink, raki. The only problem we had was communicating with the waiters. Our command of Turkish is relatively poor, much like their English and Polish. But then, what is our index finger for? We were able to point to the plates of the people sitting beside us, or at a dish in the display fridge. And, believe us, there is a lot to point to. ■

fot. Courtesy X Restaurant

X RESTAURANT

Sadi Konuralp Caddesi 5, 34433 Istanbul, tel. +90 212 334 0700 (T) Tünel,
godz. Codziennie 11.30-2, daily 11.30am-2am

Cóż, dopuszczamy taką ewentualność, że jesteśmy już dramatycznie nudni z tymi bajkowymi, zapierającymi dech w piersiach widokami, ale co zrobić, skoro gdziekolwiek spojrzeć, tam bajkowy widok zapiera dech w piersiach?! Nie inaczej jest w X Restaurant, z której roztacza się oszałamiająca panorama miasta, szczególnie efektownie prezentująca się po zmroku. Jak się tym widokiem nie zachwycać?! Nie da się. Podobnie nie da się nie zachwycić tutejszą innowacyjną kuchnią Murata Karamana, który z godną podziwu maestrią łączy lokalne i śródziemnomorskie smaki. Co powiecie na przykład na pieczone przepiórki podane z ravioli wypełnionymi czerwoną kapustą? Albo na łososia z buraczanym purée i przepiórczymi jajkami? Podejrzewamy, że powiecie tak. I dobrze zrobicie. Jedzenie i widoki to jeszcze nie wszystko, co ma do zaoferowania X Restaurant, szczęśliwie zlokalizowana na szóstym piętrze dynamicznego Centrum Kultury i Sztuki IKSV, dzięki czemu zwolennicy sztuki współczesnej w drodze na kolację będą mogli się zapoznać z jej najnowszymi osiągnięciami. ■

Alright, we accept the fact that we may be getting awfully boring with our descriptions of those "fabulous", "breathtaking" views – but what can we do if everywhere we look, we immediately come across fabulous, breathtaking views! X Restaurant is no different, as it offers a stunning panorama of the city, particularly impressive after dark. How could we not be ecstatic about this view?! That would not be possible. Similarly, it is impossible not to be ecstatic about the innovative cuisine of Murat Karaman, who combines local and Mediterranean flavours with admirable mastery. Fancy some roasted quail served with red cabbage ravioli? Or salmon with beetroot puree and quail eggs? Yes, so do we. And rightly so. Still, the views and food are not everything that X Restaurant has to offer: it is located on the 6th floor of the dynamically developing IKSV Arts and Culture Centre, so on their way to dinner, contemporary art buffs will be able to see some of the latest works. ■

WHITE MILL CAFE

Susam Sokak 13, 34433 Istanbul, tel. +90 212 292 2895, www.whitemillcafe.com (T) Findikliie

Minimalistyczny wystrój, kuchnia eko plus bardzo eksperymentalne drinki i modna klientela – oto czego możecie oczekiwać na co dzień w tym godnym ze wszech miar polecenia lokalu z gigantycznym ukrytym na „zapleczu" ogrodem. A jeżeli będziecie poszukiwać miejsca na pierwszorzędne weekendowe śniadanie, też się nie zawiedziecie. ■

Minimalist decor, organic cuisine, experimental cocktails and a fashionable clientele – your daily dose of features offered by this dive, which more than merits a recommendation. There is a giant garden around the back. If you're looking for a place to enjoy a top-quality weekend breakfast, you won't be disappointed, either. ■

CAFE SMYRNA

Akarsu Caddesi 29, 34416 Istanbul, tel. +90 212 244 2466 (T) Findikli, codziennie 9-2 daily 9am-2am

Czarująca kawiarenka ukryta w zakamarkach słynącej ze sklepów z antykami dzielnicy Cihangir. Żeby było ciekawiej, to w tym samym miejscu wcześniej też działał antykwariat, o czym przypominają teraz zabytkowe meble i kolekcja przedmiotów vintage. Stałymi bywalcami Cafe Smyrna są między innymi mieszkający w okolicy ekspaci, którzy wpadają tu regularnie na małe przekąski i piwo. ■

A charming cafe hidden in the back streets of the Cihangir district, famous for its antiques. To make things even more interesting, the Cafe Smyrna premises earlier also housed an antique store, as depicted by the surrounding furniture and vintage items. The regulars at Cafe Smyrna include expats living in the vicinity, who drop by for a snack and a beer. ■

ARA KAFE

Tosbag 2, 34330 Istanbul, tel. +90 212 245 4105, (T) Galatasaray

Ta bardzo europejska, trochę nostalgiczna kawiarnia chowa się przed miejskim gwarem i wzrokiem ciekawskich na tyłach nigdy niezasypiającej Istiklal Caddesi. Zjemy tutaj z równym powodzeniem wyśmienite ciasto czekoladowe, jak i dobry lunch. Nie brakuje przy tym i dań wegetariańskich. Co ciekawe, Ara należy do najpopularniejszego tureckiego fotografa dokumentalisty, współpracownika słynnej agencji Magnum Ara Gülera, którego charakterystyczne czarno-białe zdjęcia możemy podziwiać na ścianach kawiarni. Sam Güler jest tu zresztą częstym gościem i w razie co chętnie udziela fachowych porad adeptom fotografii. ■

This extremely European and slightly nostalgic cafe lies hidden from the hustle and bustle of the city and the prying eyes of onlookers at the back of Istikal Caddesi, a place which never sleeps. Food-wise, you can get both a delicious chocolate cake and a tasty lunch. And there is no shortage of vegetarian fare. Interestingly, Ara belongs to Ara Güler – one of Turkey's most famous documentary photographers, a collaborator for the famous Magnum agency – whose characteristic black-and-white photos decorate the walls. Güler himself often drops by, and is happy to share his professional advice with adepts of photography. ■

VOGUE LIVING
VOGUE LIVING HOUSES, GARDENS, PEOPLE

AUTOBAN

Meşrutiyet Caddesi 64A, 34430 Istanbul, tel. +90 212 252 6797, www.autoban212.com
(T) Tünel, godz. pon-sob. 10-19, Mon-Sat. 10am-7pm

Firma Autoban założona została przez architekta Seyhan Özdemir i designera wnętrz Sefera Çağlara. Efektem rozpoczętej już w czasie studiów współpracy tej dwójki są funkcjonalne, oryginalnie zdobione meble z naturalnych materiałów, inspirowane stylem charakterystycznym dla lat 30. i 40. ubiegłego wieku. Te wytwory nieokiełznanej fantazji zobaczyć możemy w tym przypominającym galerię sztuki użytkowej studiu. Są wśród nich lampy King z lakierowanego drewna w kolorach czerwonym, czarnym i białym przypominające gigantyczne szachowe figury i krzesło z wysokim oparciem na wzór klasycznego francuskiego fotela, tyle że bardzo nowoczesne i kanciaste do granic możliwości. O skali talentu Özdemiry i Çağlara przekonać się możemy, podziwiając zaprojektowane również przez nich najmodniejsze restauracje i hotele Stambułu, o których nieraz jeszcze przyjdzie nam wspominać. ■

The Autoban brand was founded by architect Seyhan Özdemir and interior designer Sefer Çağlar. This initiative – which began while they were still at university – has spawned a range of functional, uniquely decorated furniture made from natural materials and inspired by a 1930s/40s style. The fruit of the designers' unhindered imagination is on display in this gallery-like studio. Exhibits include "King" lamps – which look like giant chess pieces made of red, black or white lacquered wood – and a high-back chair modelled on the classic French design, but very modern and extremely angular. We will be able to admire Ozdemir's and Çağlar's talent on many other occasions, for example when visiting Istanbul's trendiest hotels and restaurants – but more on that later. ■

IN

A LA TURCA

Faik Paşa Caddesi 4, 34440 Istanbul, tel +90 212 245 2933, www.alaturcahouse.com
Ⓣ Galatasaray, pon.-pt. 11-19 Mon-Fr 11am-7pm

Może się to komuś wydać przesadą, ale nie jest... Otóż według nas ten zajmujący trzypiętrową kamienicę z XVII wieku sklep z antykami jest wystarczającym powodem, żeby zaplanować podróż do tego czarodziejskiego miasta. W A La Turca można wręcz oszaleć od samego widoku cudownych tkanin, antycznych kilimów i wzorzystych dywanów, a na dobitkę zwariować, podziwiając sprowadzone z egzotycznych zakątków świata rzeźby i figurki, których historia sięga często XVII wieku. Tak, można zwariować i oszaleć, ale najchętniej to zostałoby się tu na wieki wieków. Amen.

PS Niezręcznie o tym pisać pośród tych euforycznych zachwytów, ale kiedyś trzeba. Może zatem małymi literkami jak na umowie z banku. Ceny w A La Turca są niestety dość ekstrawaganckie. Jeżeli szykujecie się na zakupy, musicie być przygotowani na najgorsze. ■

This may seems like an exaggeration, but it isn't... Indeed, according to us, this antique dealer – occupying a three-storey, 17th century townhouse – is reason enough to plan a trip to this magical city. A La Turca could drive you mad with just the sight of the wonderful fabrics, antique kilims and patterned carpets, and completely blow your top off with the figures and figurines – often dating back to the 17th century – imported from far-flung and exotic corners of the world. Yes, going mad and losing your head is a real possibility. In fact, we would not mind staying here for ever and ever, amen...

PS In the midst of all our euphoria, it may seem awkward to comment on this, but still... We'll put it in fine print, much like your bank: Unfortunately, the prices at A La Turca are quite extravagant. When gearing up for a shopping spree, brace yourselves for the worst. ■

FASHION

BAHAR KORÇAN

Serdar-i Ekrem Caddesi 9, 34440 Istanbul
tel. +90 212 293 6855, www.baharkorcan.org
(T) Tünel, pon.-sob. 10-20 Mon-Sat 10am-8pm

Betonowa podłoga, ceglane ściany, a wśród nich efektowne dodatki, jak radioodbiornik z lat 60. czy francuska gablotka lśniąca czarną farbą – tak na pierwszy rzut oka zaprezentował się nam Bahar Korçan. Jednak tym, co czyni ten spory sklep absolutnie wyjątkowym, nie jest jego wystrój, ale kolekcja mody autorstwa tureckiej projektantki Bahar Korçan. Piękne, czasem słodkie, a czasem pieprzne dziewczyńskie sukienki z kolorowymi aplikacjami, z delikatnej wełny, wykończone ozdobną koronką sąsiadują w niej z żakietami przypominającymi kolorowe patchworki z widocznymi wpływami osmańskimi. Niezwykła moda godna tego niezwykłego miasta. ■

Concrete floors, brick walls, plus impressive decorations like a 1960s radio set or a glossy, black French cabinet – at first glance, this was our impression of Bahar Koçan. But what makes this rather large shop absolutely unique is not the decor, but the collection of clothes designed by Turkish legend Bahar Korçan. The girly dresses – beautiful, sometimes sweet and sometimes spicy – consist of colour add-ons, with soft wool and a lace finish accompanied by colour patchworks of the Ottoman variety. Remarkable clothing for a remarkable city. ■

AZTEK ANTIKA

Faik Paşa Cd, 34440 Istanbul (T) Galatasaray
pon.-sob. 10-19 Mon-Sat. 10am-7pm

Potrzeba tylko trochę cierpliwości – może więcej niż trochę – a na pewno znajdziecie jakiś skarb ukryty w jednej z gablot, szkatuł albo na wieszaku. Może to będzie coś z etnicznej biżuterii? Kto wie? Wszystko jest tu możliwe. A pewne jest, że niezwykle życzliwy gospodarz Azi poczęstuje cię słodką miętową herbatą i gratisowo obdarzy garścią komplementów. Pod warunkiem że jesteś kobietą, rzecz jasna. ■

All you need is a little patience – well, you could do with more than just a little – and you are sure to discover a real treasure hidden in one of the cabinets and caskets, or on a coat hanger. Maybe a piece of ethnic jewellery? Who knows? The possibilities are endless. One thing is certain: that Azi, the extremely friendly owner, will treat you to a cup of sweet mint tea and a handful of compliments. Provided, of course, that you happen to be a woman. ■

ASLI TUNCA

Nur-i Ziya Sokak 20, 34433 Istanbul, tel. +90 212 251 7057, www.aslitunca.com
(T) Galatasaray, godz. pon-sob. 10-18, Mon-Sat. 10am-6pm

Przepiękna kamienica należąca do byłej projektantki mody Asli Tunca, która porzuciła ciuchy na rzecz mebli, i jej męża dekoratora wnętrz Carla Vercauterena. Wędrując po kolejnych pokojach tego niezwykłego shoowroomu, obok ręcznie wykonanych i zaprojektowanych przez Asli mebli inspirowanych stylem osmańskim znajdujemy przepiękne stylowe antyki, rzeźby, obrazy i mnóstwo innych dekoracyjnych elementów, które wzbudzą zachwyt nawet najbardziej wyrafinowanych koneserów. ■

A beautiful house belonging to the former fashion designer, Asli Tunca, who gave up clothing in favour of furniture and her husband, the interior designer Carl Vercauteren. While wandering through the rooms of this extraordinary showroom, we find – apart from hand-made, Ottoman-inspired furniture designed by Asli – beautiful stylish antiques, sculptures, paintings and many other decorative elements that will have even the most poised connoisseurs squeaking with joy. ■

STOK 60/70

Serdar-i Ekrem Cd 38, 34433 Istanbul, tel. +90 212 252 6870 (T) Tünel, pon-sob 10-19 Mon-sat. 10am-7pm

Tym wszystkim, którzy zdążyli już stać się szczęśliwymi posiadaczami tureckich dywanów, czajników, ręczników i osmańskich antyków, a są jednocześnie wielbicielami mebli z lat 50. i 60., Stok powinien wyjątkowo się spodobać. Jego surowe, proste wnętrze z podniszczonymi ścianami pełne jest przykładów skandynawskiego designu z tego okresu. Nie brakuje również kolorowego plastyku z lat 70., pogrążonego w niebycie historii NRD. ■

If you are already the happy owner of Turkish carpets, kettles, towels and Ottoman antiques, but also a fan of 1950s and 60s furniture, Stok is your place. Its raw and simple interior – complete with dilapidated walls – is full of Scandinavian design dating back to those decades. It also stocks coloured, 1970s plastic objects from former East Germany. ■

FASHION

fot. Courtesy Laundromat

LAUNDROMAT

Galip Dede Caddesi 93B, 34425 Istanbul, tel. +90 212 249 9892, www. laundromat-ist.blogspot.com
(T) Tünel, pon.-sob. 10-20, niedz. 12-20 Mon-Sat 10am-8pm, Sun 12pm-8pm

Ten wyjątkowy sklep to pomysł dwóch projektantek Oyku Thurston i Yasemin Özeri, które projektują finezyjne szale i bardzo twarzowe czapki z filcu. W Laundromat znalazły się też kolekcje autorstwa innych tureckich designerów, a wśród nich genialne skórzane wyroby Nahide Büyükkaymakçi niemające nic wspólnego z popularnymi tureckimi podróbami. Ta ostatnia uwaga to tylko dla porządku, bo chyba wszyscy rozumieją, że w takich miejscach o podróbach mowy być nie może! Wszystko jest tu wyjątkowo oryginalne! ■

This exceptional store is the brainchild of two designers, Oyku Thurston and Yasemin Özeri, who create sophisticated shawls and attractive felt hats. The Laundromat also stocks collections by other Turkish designers, including wonderful leather goods by Nahide Büyükkaymakçi – which have absolutely nothing in common with the popular Turkish knock-offs. This last comment is just for the record: everyone knows that fakes never make it to such places! Everything on sale here is well and truly original! ■

DENIZLER KITABEVI

Istiklal Caddesi 395, 34440 Istanbul
tel. +90 212 249 8893
(T) Tünel, codziennie 10-20 daily 10am-8pm

Niezwykła księgarnia, z oryginalnym wnętrzem o ponad 130-letniej tradycji. Kiedyś była to nawet siedziba ambasady holenderskiej, ale to dawne dzieje... Założycielem Denizler Kitabevi jest najprawdziwszy kapitan marynarki, który w starych gablotach i na półkach regałów pracowicie gromadzi wszystko, co tylko kojarzy się z morzem i podróżami: książki, ryciny, mapy, a nawet pocztówki. Na ścianach nie brakuje też obrazów i grafik przedstawiających statki, okręty oraz portretów z groźnymi obliczami wilków morskich. Jak na nasz gust to miejsce w skali Beauforta zasługuje na 10! ■

An extraordinary bookstore with a unique interior and a tradition spanning over 130 years. It was once the seat of the Dutch Embassy, but that was then... Denizler Kitabevi was established by a real, seafaring captain, who decided to use the antique cabinets and shelves to display his amassed collection of all things related to sea and travel: books, engravings, maps, or even postcards. The walls also include paintings and prints depicting ships, boats and portraits of scary-looking seawolves. In our opinion, this places merits a ten...on the Beaufort scale! ■

fot. Courtesy Denizler Kitabevi

BUILDING FOOD LAB & APPAREL

CONCEPT

Serdar-i Ekrem Caddesi 27, 34420 Istanbul, tel. +90 212 243 0717
www.building.com.tr (T) Tünel
pon.-sob. 10-24, niedz. 12-19 Mon-Sat 10am-12am, Sun 12pm-9pm

Bardzo interesujący koncept udanie łączący nasze dwie ulubione dziedziny życia – modę i jedzenie. Do Building Food Lab prowadzi długi korytarz spełniający funkcję kawiarni z 17-metrowym stołem, przy którym posilić się można dobrym, lekkim kontynentalnym jedzeniem i napić wybornego koktajlu. Dalej mamy już właściwy sklep z modą autorstwa renomowanych projektantów lokalnych i uznanych międzynarodowych sław. ■

A very interesting concept which successfully combines two of our favourite things: food and fashion. Leading up to the Building Food Lab is a long corridor which doubles up as cafe, complete with a 17-metre table where you may help yourself to some good, light continental food and/or sip on a classy cocktail. After that comes the shop itself, selling clothes by renowned local designers and international celebrities. ■

MÜSTAMEL ESYA EVI

Turnacibaşi Caddesi 38/1, 34440 Istanbul, tel. +90 212 245 2100
(T) Galatasaray, pon.-sob. 10-20 Mon-Sat10am-8pm,

W Stambule handel kwitnie od wieków i to niemal na każdym rogu, nie ma więc chyba nic nadzwyczajnego w tym, że i my popadliśmy w końcu – nie bez przyjemności – w zakupową manię. W pełni mogliśmy się jej oddać w tym specjalizującym się w latach 50. i 60. sklepie z meblami vintage. Co ciekawe, niektórym z nich dodano specyficznego charakteru albo zmieniono ich przeznaczenie. I tak klasyczny fotel z lat 50. „ubrany" został w unikalną tkaninę, a abażur starej lampy przearanżowany na współczesny kapelusz. Wszystkie te pomysły są na tyle inspirujące, że warto tu zajrzeć, nawet jeżeli macie szczery zamiar niczego nie kupować. ■

Trade has been flourishing in Istanbul for many centuries - almost on every corner - so there is nothing really unusual in the fact that in the end, we too began suffering from shopping fever. And it was not without its dose of pleasure. We could fully give in to our malady in this store, which specializes in 1950s and 60s vintage furniture. Interestingly, some of the items have been customized by throwing in an ounce or two of extra oomph: for example, a classic 1950s lounge chair has been "dressed" in a one-of-a-kind fabric, or an old lamp shade re-arranged to serve as modern headgear. These ideas are so inspiring that it is worth dropping by, even if you have absolutely no intention of buying anything. ■

KOP-ART

Turnacibaşi Caddesi 3A, 34440 Istanbul, www.kop-art.com (T) Galatasaray
codziennie 12-21 daily 12pm-9pm

Na początku był Nowy Jork, w którym dwie utalentowane przyjaciółki Gamze Fidan i Cansu Aybar projektowały dżinsy, oddając się w wolnych chwilach innej pasji, czyli malowaniu murali. Nie wiadomo dokładnie, co tam zmalowały, ale fakt pozostaje faktem, że czas jakiś temu panie porzuciły jednak Amerykę na rzecz Stambułu. Otworzyły tu przypominający alternatywną galerię sklep z limitowanymi seriami punkowych T-shirtów, butów w stylu Davida Bowie i najróżniejszych akcesoriów prezentowanych w otoczeniu ekscentrycznych i awangardowych grafik oraz instalacji. Dla pełnej jasności dodamy, że jest to właśnie ten sklep. ■

In the beginning, there was New York...and two talented friends – Gamze Fidan and Cansu Aybar – who designed jeans. They devoted their free time to another passion – painting murals. We do not know what subjects they painted, but anyhow, they left the States for Istanbul. Here, they opened a store which looks and feels like an alternative New York City gallery and sells limited editions of punk t-shirts, David Bowie-inspired shoes and various accessories showcased in an interior full of eccentric, avant-garde graphics and installations. The store we're talking about is Kop-Art. ■

LEYLA SEYHANLI

Altipatlar Sokak 10, 34440 Istanbul (T) Galatasaray
pon.-sob. 10-19 Mon-Sat 10am-7pm

Spowite charakterystycznym dla babcinej szafy zapachem naftaliny skarby z czasów imperium osmańskiego. Ręcznie haftowane tuniki i kaftany, fantastyczne tkaniny, jedwabna bielizna pracowicie obszyta jedwabną koronką z lat 30., sukienki z tafty z lat 50., kaszmirowe szale, welurowe płaszcze i całe mnóstwo innych cudowności nieuchronnie budzących tęsknotę za starymi, dobrymi czasami. ■

Ottoman treasures cloaked in a smell of naphtalene reminiscent of grandma's closet. Hand-embroidered tunics and caftans, wonderful fabrics, silk underwear intricately decorated with 1930s lace, taffeta dresses from the 50s, cashmere shawls, velvet jackets and a smorgasbord of other wonders which will surely have you longing for the good old days. ■

S

fot. Robby Cyron

IN

ÜMIT ÜNAL

Ensiz Sokak 3, 34440 Istanbul, tel. +90 212 245 7886, www.umitunal.com
(T) Tünel, codziennie 10-20 daily 10am-8pm

W sklepie najbardziej kreatywnego i awangardowego projektanta mody w Turcji ma się ochotę kupić wszystko. Łącznie ze sklepem. Jego białe surowe wnętrze podzielono na kilka pomieszczeń, w niektórych mamy betonową podłogę, w innych wyeksponowano rustykalne deski. Na ścianach zawieszono monitory relacjonujące przebieg ostatniego – bardzo teatralnego – pokazu Ünala oraz nieco zagadkowe ilustracje. Jeśli chodzi o samą modę, to sukienki mistrza przypominają czasem artystyczne instalacje inspirowane celtyckimi mitami lub cygańskimi opowieściami, a czasem, wzorem mody japońskiej, bliższe są czarno-białemu minimalizmowi. Tak czy inaczej zawsze jednak zachwycają i sprawiają, że każdą z nich chciałoby się posiąść na własność. ■

Upon crossing the threshold of this boutique, which sells products by the most creative and avant-garde fashion designer in Turkey, you feel like buying everything. And that includes the boutique itself. This raw white interior has been divided into several rooms, some with concrete floors, some with rustic floor boards. Monitors hang from the walls and screen Unal's last - extremely theatrical - runway show, as well as a series of puzzling illustrations. As far as the fashion itself is concerned, the maestro's dresses sometimes resemble artistic installations inspired by Celtic myths or Gypsy legends, and are sometimes closer to black-and-white minimalism, much like the Japanese style. In any case, they never cease to amaze and always make you want to purchase each and every one! ■

fot. Robby Cyron

B

bary/kluby bars/clubs

BEYOĞLU | TAKSIM | GALATA

fot. © 360 Istanbul

360 ISTANBUL

Misir Apt., Istiklal Caddesi 311, 34330 Istanbul
tel. +90 212 251 1042, www.360istanbul.com
Ⓣ Galatasaray

Nie podają tu może najlepszego jedzenia na świecie ani nie robią najlepszego pod słońcem Stambułu martini, ale na waszym miejscu i tak bez wahania wjechalibyśmy windą na dwa ostatnie poziomy budynku, na których mieści się ta szklano-stalowa architektoniczna fantazja z ceglanymi ścianami. 360 to modna restauracja z barem i położonym piętro wyżej klubem. Stąd w pełnej krasie zobaczyliśmy, jak pełną kontrastów, jak barwną metropolią jest Stambuł. To w tym mieście piękne drewniane domy z XIX wieku stoją tuż obok współczesnych szklanych wież. Tradycyjna kuchnia najlepiej smakuje popijana modnym koktailem, przed klubem-restauracją 360 widzisz grupę Turków w tradycyjnych strojach w transowym, wirującym tańcu derwiszów. Kiedy publika po szalonej nocy opuszcza ten klub, miasto budzi się nawoływaniem z meczetów do porannej modlitwy. Jednak wszystkie te pozorne przeciwności łączą się w całość, tworząc chyba jedną z najbardziej wyjątkowych i niesamowitych metropolii świata. Którą najlepiej zobaczysz z 360. ■

fot. © 360 Istanbul

They may not serve the best food in the world, or make the best Martini under the Istanbul sun, but if we were you, we would immediately head to the top two floors of this building. 360 is a glass, steel and brick architectural fantasy and trendy restaurant, which also operates a bar and club on the upper level. From this vantage point, we can witness Istanbul in all its glory – and the contrasts and vibrance that go with it: beautiful 19th century wooden houses standing shoulder to shoulder with modern glass skyscrapers; traditional cuisine which tastes best when washed down with a trendy cocktail; groups of whirling dervishes in traditional dresses in front of the 360 club and restaurant; and when the guests leave the club after a crazy night out, the city wakes up to the muezzin's call for morning prayers. Somehow, all these apparent opposites come together, creating perhaps one of the most unique and amazing cities in the world. Best admired from the 360. ■

fot. Robby Cyron

BABYLON

Şehbender Sokak 3, 34430 Istanbul, tel. +90 212 292 73 68, www.babylon.com.tr
Ⓣ Tünel, godziny i program sprawdź – www hours and program – check www

Szukajcie czerwonych drzwi. Szukajcie, aż znajdziecie, bo to właśnie za nimi kryje się najlepszy klub muzyczny w tym mieście. W tygodniu grają w nim świetne tureckie kapele undergroundowe. Gościli tu między innymi muzycy, którzy pojawili się w kultowym filmie Fatiha Akina „Życie jest muzyką" znanym pod angielskim tytułem „Crossing The Bridge". W weekendy Babylon oddany zostaje we władanie międzynarodowych gwiazd. Aby wymienić nazwiska i nazwy wszystkich, zabrakłoby nam tutaj miejsca, ale nie możemy się oprzeć, żeby nie wymienić chociaż kilku: Kruder & Dorfmeister, DJ Krush, Fun-Da-Mental, Gotan Project, Future Sound of Jazz, Chicks On Speed. ■

Look for the red door. Keep looking until you find it, as it hides the best music hall in town. During the week, brilliant Turkish underground bands take the stage, including musicians from Fatih Akin's cult film, "Crossing The Bridge." The weekends at Babylon, meanwhile, are brimming with international stars. We lack the space to name all of them, but here is a small taster: Kruder & Dorfmeister, DJ Krush, Fun-Da-Mental, Gotan Project, Future Sound of Jazz, Chicks On Speed. ■

fot. Robby Cyron

IN

BADEHANE

General Yazgan Sokak 5, 34440 Istanbul, tel. +90 212 249 0550 (T) Tünel
codziennie 9-3 daily 9am-3am

Bar jest mały, ale – jak zawsze powtarzamy – rozmiar nie ma przecież znaczenia. Ważna jest pozytywna energia! W ciągu dnia Badehane to spokojna kawiarnia, ale z nastaniem nocy jej oblicze zmienia się diametralnie. W środy królują tu wtedy lokalne sławy muzyki cygańskiej, a w weekendy, kiedy muzyka na żywo gra na całego, między stolikami odbywają się dzikie tańce i swawole. W letnie wieczory cała zabawa – razem ze stolikami – przenosi się najczęściej na sąsiadujące z Badehane ulice i trwa prawie do białego rana. ■

This bar is small, but we always repeat that size doesn't matter... What matters is positive energy! During the day, Badehane is a peaceful coffeehouse, but when night falls, it undergoes a dramatic transformation. On Wednesdays, top gypsy bands take the stage. On weekends, live music is turned up all the way and wild scenes take place on and around the tables. On summer evenings, the whole party – tables included – moves out onto the streets around Badehane and carries on almost until dawn. ■

DOGZSTAR

Kartal Sokak 3, 34764 Istanbul, tel. +90 212 244 9147, www.dogzstar.com, (T) Galatasaray, godziny i program – sprawdź www hours and program – check www

Ten klub polecamy wszystkim, którzy nie potrafią żyć bez muzyki undergroundowej. Wydawałoby się, że w mieście, które kojarzy się z klimatami baśniowymi i tańcem derwiszów, trudno będzie znaleźć takie miejsce, a tu proszę! Jest! Co prawda w stosunku do tego, jaki był na początku, Dogzstar trochę się zmienił, bo dobudowano oświetlony czerwonym pikantnym światłem taras z widokiem na wszystko, co w Stambule modne i trendy, oraz dużą scenę i parkiet, ale to, co najważniejsze, czyli muzyka, pozostało bez zmian. Nadal występują tu największe objawienia lokalnej muzyki niezależnej i neopunkowej. ■

We recommend this club to all those who cannot imagine life without underground music. It could seem that in a city more often associated with fairy-tale surroundings and whirling dervishes, it would be well-nigh impossible to find a place quite like this one! Anyway, here it is! Compared to its initial shape, Dogzstar has changed quite a bit: they added a terrace, illuminated in red, overlooking everything fashionable in Istanbul, as well as a large stage and dance floor. Crucially, though, the music has stayed the same. Dogzstar is still where the most hip local indie and neo-punk outfits play their best gigs. ■

GIZLI BAHÇE

Nevizade Sokak 27, 34440 Istanbul, tel. +90 212 249 2192
(T) Galatasaray, codziennie 12-3 daily 12pm-3am

Gizli Bahçe, czyli po turecku „tajemniczy ogród", z ogrodem jako takim ma niewiele wspólnego. Więcej ma natomiast wspólnego z tajemnicą, bo o jego istnieniu nie informuje żaden szyld, żadna reklama. Jedyną wskazówką jest namalowany na ścianie budynku numer 27. Kiedy dotrzecie już na miejsce, musicie być przygotowani na konfrontację z bardzo wymagającymi selekcjonerami. Mamy szczerą nadzieję, że wyjdziecie z niej zwycięsko. Znajdziecie się wtedy w bardzo klimatycznym barze, na którego dolnym poziomie panuje raczej chłodna atmosfera. Na szczęście im wyżej, tym robi się gorącej, a na balkonie ostatniego piętra – wręcz upalnie. Wygodne fotele i kanapy obsiadają tu tłumy młodych ludzi, których w piątkowe noce do śmiałych tańców prowokuje muzyka coolerskich didżejów. Czasem jest to funk, czasem drum & bass, czasem disco albo trip – hop, a czasem zupełnie co innego. ■

Gizli Bahçe, Turkish for "secret garden," does not have much in common with gardens as such. It does, however, have some similarity with secrets, since there is no sign or board to tell us of its existence. The only clue is the number "27" painted on the wall of the building. When you get there, be prepared to confront a very selective group of bouncers. We sincerely hope you will be victorious in your entrance campaign. If so, you will make your way into a bar with a great ambience, although the vibe downstairs is a touch cooler. Fortunately, the higher up you go, the warmer it gets – and the top floor balcony is steaming hot. The comfortable chairs and sofas are occupied by crowds of young people, provoked by the hip DJs to hit the dance floor. They sometimes play funk, sometimes drum & bass, sometimes disco or trip hop, and sometimes...something completely different... ■

RUMBLEFISH
9 Nisan
CUMA
24:00
SURFIN'
BOSPHORUS
DOGZ
STAR
myspace.com/rumblefishtr
www.dogzstar.com

DRINKS

fot. Robby Cyron

OTTO

www.ottoistanbul.com, Otto Sofyali/Tünel, Sofyali Sokak 22A, 34440 Istanbul, tel. +90 212 252 6588 (T) Tünel
Otto Santral, Santralistanbul, Kazim Karabekir Caddesi 2/7, 34188 Istanbul, tel. +90 212 427 1889

Otto to trochę restauracja, trochę bar. Albo odwrotnie. Pierwszy lokal z tej serii powstał w 2005 roku i od razu stał się wyznacznikiem tego, co najmodniejsze w nocnym życiu Stambułu. W tej chwili działają już trzy filie tej marki, bardzo udanie wcielającej w życie reklamowy slogan „Dobre jedzenie, dobra muzyka". Pierwsza to wypełniony kolorowym tłumem i głośną muzyką OttoTünel z długim korytarzem zbudowanym z ceglano-betonowych ścian, o które wspierają się atrakcyjne skórzane siedziska, i z przemysłowym oświetleniem. Druga – zdecydowanie nasza ulubiona – Otto Santral sąsiaduje w budynku starej elektrowni z Muzeum Energetyki i Galerią Sztuki Współczesnej. Duża przestrzeń i oryginalny design przyciągają tutaj całe zastępy młodych, starszych i jeszcze starszych kreatywnych ludzi z zapałem pałaszujących smaczne jedzenie, a podczas organizowanych w weekendy genialnych imprez szalejących przy muzyce światowej sławy didżejów i artystów. Dość wspomnieć, że w Santral występowali już m.in.: Arman von Helden, Parov Stelar & Band, De-Phazz, Fischerspooner, Nicola Conte, Tim Sweeney, Noze i Waldeck. Strach pomyśleć, kto będzie następny?! ■

Otto is part restaurant, part bar. Or vice versa. The first dive under this aegis was created in 2005 and immediately became the new definition of 'trendy' when it comes to the Istanbul club scene. Currently, there are three branches in operation, successfully embodying the slogan "Good food, good music." The first – Otto Tünel – is packed with a vibrant crowd and loud music, and consists of a long corridor with industrial lighting and brick and concrete walls, against which lean stylish leather sofas. The second – by far our favourite – is Otto Santral, located in an ex-power plant right next to the Energy Museum and the Contemporary Art Gallery. Its large space and the original design attract young, old, and even older creative types, who enthusiastically dig into the tasty dishes. During the weekends, they also strut their stuff to the beats laid out by world-famous artists and DJs. Suffice it to mention that Santral has hosted the likes of Arman von Helden, Parov Stelar & Band, De – Phazz, Fischerspooner, Nicola Conte, Tim Sweeney, Noze and Waldeck. We fear to think who will be next? ■

fot. Robby Cyron

PEYOTE

Kameriye Sokak 4, 34440 Istanbul, tel. +90 212 251 4398, peyote.com.tr (T) Galatasaray, codziennie daily

W tym małym klubie godzinami przesiadują reprezentanci stambulskiej alternatywy, co już samo w sobie warte jest uwagi. Parter Peyote zajmuje didżejka i miniscena, na której odbywają się koncerty w stylu indie, elektro, grunge, a czasem nawet ostrego rocka. W ogródku i na tarasie 2. piętra można się z kolei napić drinka, lokalnego piwa Efes albo dla odmiany ulubionej tureckiej pożywki, czyli raki. ■

This small club is almost always besieged by representatives of Istanbul's alternative milieu – a fact which in itself merits our attention. The ground floor at Pyote is occupied by a DJ booth and mini stage, which hosts indie, electro, grunge, and sometimes even hard rock concerts. In the garden and on the 2nd floor terrace, you can enjoy a cocktail, a local Efes brand beer, or – for a change – Turkey's liquor of choice, raki. ■

INDIGO

Akarsu Sokak 1, Istanbul, tel. +90 212 244 8567, www.livingindigo.com (T) Galatasaray
godziny i program sprawdz www hours and program check www

Najpopularniejszy w Stambule klub z muzyką house i electro, przyciągający w weekendowe noce owładniętych żądzą nieskrępowanej zabawy młodych i pięknych imprezowiczów. Na straży wysokiego poziomu artystycznego stoją tu za konsoletami miejscowi i międzynarodowi didżeje. ■

Istanbul's most popular house and electro club. On weekend nights, it serves as a magnet for young and beautiful partygoers lusting for full-blown fun. Local and international DJs rule the decks and make sure the artistic level is up to scratch. ■

fot. Copyright Ghetto

B

fot. Copyright Ghetto

GHETTO

Kamer Hatun Caddesi 10, 34440 Istanbul, tel. +90 212 251 7501, www.ghettoist.net
(T) Galatasaray, godziny i program – sprawdź www hours and program – check www

Trzy piętrowy klub w dawnej piekarni, po której pozostały jeszcze przepiękne freski na suficie. W tej trochę renesansowej atmosferze od czwartku do soboty odbywają się koncerty znanych zespołów grających jazz, funk, house i indie – rocka. Dobra zabawa gwarantowana. ■

A three-storey club located in an old bakery, the remnants of which include beautiful ceiling frescoes. From Thursday to Saturday, this slightly Renaissance interior hosts concerts by renowned bands playing jazz, funk, house, and indie rock. Satisfaction guaranteed. ■

HENGAME

Sahne Sokak 6/1, 34440 Istanbul (T) Galatasaray, codziennie 24-4 daily 12am-4am

Nie brak ci odwagi? Szukasz przygód? Kochasz inaczej? Jeżeli odpowiedziałeś trzy raz tak, to ten dekadencki lokal przyciągający młodych i ładnych chłopców, celebrytów oraz wszystkich otwartych na nowe doświadczenia osobników bardzo ci się spodoba. Hengame znajduje się w okolicy targu rybnego Balik Pazari, przy którym koncentruje się gejowskie życie nocne Stambułu. Nie jest to bynajmniej miejsce popularne wśród turystów, o czym wspominamy na wypadek, gdyby ktoś wybitnie w turystach gustował. ■

So you like daring challenges? And you're looking for adventure? And you happen to be queer? If you've ticked the "yes" box three times, you will simply love this decadent club, which attracts young, pretty boys, celebrities, and all other individuals open to new experiences. Hengame is located in the vicinity of the Balik Pazari fish market, a popular spot on the Istanbul gay scene. Meanwhile, it is not popular among tourists – which we decided to mention just in case someone has a taste for tourists. ■

fot. © Copyright Galeri Apel Sakine C "land of nvsa" exhibition- "bagh; poets garden", 2003

sztuka/architektura art/architecture

BEYOĞLU | TAKSIM | GALATA

fot. © Hadiye Cangökçe, Ahmet Öğüt Black Diamond 2010, Installation, Courtesy Arter

ARTER

Istiklal Caddesi 211, 34433 Istanbul, tel. +90 212 243 3767, www.arter.org.tr (T) Tünel
wt.-czw. 11-19, pt.-sob. 12-20 Tue-Thr 11am-7pm, Fri-Sat 12pm-8pm

W ciągu 10 ostatnich lat Turcja przeszła wielką transformację zarówno w dziedzinie gospodarki, jak i kultury. Jej punktem kulminacyjnym był rok 2010, kiedy to Stambuł pod hasłem „Miasto wczoraj, dziś i jutra" został europejską stolicą kultury. Sztuka współczesna jest tu dziś stale obecna, czego najlepszym dowodem jest właśnie Arter, galeria mieszcząca się na pięciu piętrach kamienicy z początku XX wieku. Prezentowane są w niej prace najlepszych tureckich i międzynarodowych artystów – malarzy, fotografów, specjalistów od multimediów i instalacji – tworzących w ciągu ostatniego półwiecza. Wysoki poziom gwarantowany! ■

In the last decade, Turkey has gone through a massive transformation, both in terms of economy and culture. This upward trend hit the apex in 2010, when Istanbul became the European Capital of Culture, with the motto "City of Yesterday, Today and Tomorrow". Contemporary art is always around the corner here, as best exemplified by Arter, a gallery located on five floors of an early-20th century building. It exhibits works by the best Turkish and international artists – painters, photographers, multimedia and installation artists – active within the last half century. Top quality guaranteed! ■

A

fot. Ahmet Ertuğ, Courtesy Borusan Music House

BORUSAN MUSIC HOUSE

Istiklal Caddesi 211, 34433 Istanbul, tel. +90 212 336 3280, www.borusansanat.com, (T) Tünel, pon.-pt. 9.30-18 Mon-Fri 9.30am-6pm

To centrum sztuki znalazło swoją siedzibę w części starannie odrestaurowanego budynku pochodzącego z 1875 roku. Wzrok przyciągają już jego wielkie okna na parterze, przez które widzimy tuby w kształcie litery „V" i efektowne kolumny z ledowych świateł. Borusan Music House to kolejny symbol renesansu, jaki przeżywają od kilku lat turecka kultura i sztuka. Regularnie odbywają się tu koncerty, performance, pokazy tańca współczesnego oraz wystawy sztuki nowoczesnej i eksperymentalnej. ■

This Arts Centre was set up in one section of a meticulously restored building from 1875. Our eyes immediately turn to the huge ground floor windows, through which we see V-shaped tubes and impressive columns made from LEDs. Borusan Music House is another symbol of the renaissance of Turkish culture and art which has been going on for several years now. It regularly holds concerts, performances, dance shows and exhibitions of modern and experimental art. ■

SANATÇI TOPLUMDA UZUN ÇABA VE
ÇALIŞMALARDAN SONRA ALNINDA
INSANDIR
K. ATATÜRK
AVRUPA
AVRUPA
AVRUPA
AVRUPA

IKSV

Sadi Konuralp Caddesi 5, 34433 Istanbul, tel. +90 212 334 0700
www.iksv.org (T) Tünel

Fundacja stambulskiej kultury i sztuki mieści się w Deniz Palas, starannie odrestaurowanym budynku w stylu art nouveau. Organizowane są tu wystawy sztuki współczesnej, koncerty muzyki klasycznej, jazzowej i awangardowej oraz spektakle teatralne. Ponadto IKSV jest jednym z głównych organizatorów festiwalu filmowego, teatralnego, jazzowego i stambulskiego Biennale. Na ostatnim piętrze budynku fundacji mieści się wspominana już przez nas modna Restauracja X, natomiast na parterze sklep IKSV Design, w którym można podziwiać i kupować – w dowolnej kolejności – eklektyczną mieszankę przedmiotów projektu tureckich designerów. ■

The Istanbul Foundation for Culture and Arts is headquartered in the Deniz Palas, a meticulously renovated Art Nouveau building. It hosts contemporary art exhibitions, classical, jazz and avant-garde concerts, as well as theatre performances. Furthermore, IKSV is one of the head organizers of the Istanbul Biennale and film, theatre, and jazz festivals. The top floor of the Foundation is occupied by the aforementioned, trendy restaurant "X", while the ground floor is home to the IKSV Design Store, where you can admire and buy – in any given order – an eclectic mix of items by Turkish designers. ■

GARAJ ISTANBUL

Kaymakam Reşat Bey Sokak 11A, 34433 Istanbul, tel. +90 212 244 4499
www.garajistanbul.org (T) Galatasaray

Ta awangardowa niezależna scena performance – mieszcząca się na terenie dawnego garażu – poszczycić się może wyjątkowo ambitnym i bogatym programem. Właściwie przez cały tydzień miłośnicy sztuki angażowani są tutaj w działania prowadzone przez lokalnych i międzynarodowych artystów. I tak poniedziałki i wtorki oznaczają spotkanie z tańcem współczesnym. Środy, czwartki i piątki to czas dla performance i teatru. W soboty możemy się natomiast spodziewać wydarzenia muzycznego, chociaż nie zawsze, bo każda ostatnia sobota miesiąca poświęcona jest literaturze i poezji. ■

This avant-garde, independent performance stage – located in a former garage – boasts an exceptionally ambitious and broad program. Practically throughout the entire week, art lovers can become involved in workshops conducted by local and international artists: Mondays and Tuesdays are devoted to contemporary dance meetings; Wednesdays, Thursdays and Fridays are all about performance art and theatre; while on Saturdays, we can expect some sort of musical event to take place – though not always, since the last Saturday of the month is literature and poetry day. ■

fot. © Galeri Apel

GALERI APEL

Hayriye Caddesi 5A, 80060 Istanbul, tel. +90 212 292 7236, www.galleryapel.com (T) Galatasaray
wt.-sob. 11.30-18.30 Tue-Sat 11.30am-6.30pm

Ta galeria to kolejny dobitny dowód na to, że sztuka współczesna w tym kraju osiągnęła dzisiaj bardzo wysoki poziom. Każde z pięciu pięter Apel poświęcone jest innej dziedzinie sztuki: designowi, malarstwu, fotografii, rzeźbie. Turecka awangarda i międzynarodowy surrealizm prezentują się tutaj naprawdę w pełnej krasie. ■

This gallery is further proof that contemporary art in Turkey is top shelf stuff. Each of Apel's five floors is devoted to a different artistic field: design, painting, photography, sculpture. Turkish avant-garde and international surrealism are represented in all their glory. ■

MISIR APARTMENT

Istiklal Caddesi 311, 34330 Istanbul (T) Galatasaray

Ten piękny budynek w stylu art nouveau z 1910 roku to prawdziwe zagłębie współczesnej sztuki. Mieści się w nim pięć najlepszych galerii Stambułu. Zacznijmy od tej położonej na najwyższym 5. piętrze, czyli galerii **Nev** założonej w 1984 roku, a na terenie Misir Apartment działającej od 2008 roku. Prezentowane są w niej prace współczesnych tureckich i zagranicznych artystów. Ostatnio wystawiano tu między innymi fotografie autorstwa nieodżałowanego Roberta Mapplethorpe'a. Stąd schodami schodzimy do **Galerist**, popularnej na całym świecie galerii prezentującej największe talenty tureckiej sztuki, w tym między innymi słynnego projektanta mody Husseina Chalayana. Na 3. piętrze działa z kolei **Casa Dell'Arte** regularnie współpracująca z renomowanymi instytucjami kulturalnymi z Europy i Bliskiego Wschodu. Poziom niżej zajmuje założona w 2009 roku **CDA Projects**, której specjalnością są wschodzące gwiazdy lokalnego i międzynarodowego rynku sztuki. Na koniec zostaje nam jeszcze piętro 1. i **Fototrek Photograph Center**, jak sama nazwa wskazuje, zajmująca się fotografią. I to byłoby już chyba wszystko, chociaż wszystkiego w żaden sposób nie da się tutaj opisać. To trzeba po prostu zobaczyć! ■

This beautiful Art Nouveau building from 1910 is a gold mine in terms of contemporary art. It houses five of the best galleries in all of Istanbul. Let us start with the one on the fifth and top floor: Galeri **Nev** was founded in 1984 and has been part of Misir Apartment since 2008. It presents works by contemporary Turkish and international artists. It recently held an exhibition by the memorable Robert Mapplethorpe. From here, we head downstairs to **Galerist**, a globally-renowned gallery representing Turkey's prime artistic talents, including the famous fashion designer Hussein Chalayan. The third floor is home to the **Casa Dell'Arte**, which regularly cooperates with renowned cultural institutions from Europe and the Middle East. Down below, we have **CDA Projects**, established in 2009, which specializes in rising stars on the local and international art market. Last but not least, we have floor one and the **Fototrek Photograph Center**, which, as the name suggests, deals with photography. And that would probably be it. Anyway, there is no way to describe everything on offer here, so you'll have to check it out for yourselves! ■

ISTANBUL MODERN

Meclis-i Mebusan Caddesi 4, 34425 Istanbul, tel. +90 212 334 7300
www.istanbulmodern.org (T) Tophane
wt.-niedz. 10-19, czw. 10-20 Tue-Sun 10am-7pm, Thr 10am-8pm

Jak każda szanująca się metropolia, tak i Stambuł zafundował sobie własne Muzeum Sztuki Nowoczesnej. Mieści się ono w dawnym składzie celnym na terenie doków, tuż nad Bosforem, co wywołuje uzasadnione skojarzenia estetyczne z londyńską Tate Modern. Muzeum powstało w roku 2004, ale na dobre rozkręciło działalność dopiero trzy lata później, kiedy stanowisko dyrektora artystycznego objął David Elliott współpracujący wcześniej z tokijskim Mori Art Museum. Dzięki niemu Istanbul Modern zaczęło prezentować prace renomowanych i popularnych artystów: Martina Parra, Roberta Capy czy Sam Taylor-Wood. Ostatnio zorganizowano tu również retrospektywną wystawę poświęconą osiągnięciom najwybitniejszego tureckiego artysty i filmowca Kutluğa Atamana zatytułowaną „The Enemy Inside Me". A komu mało będzie wrażeń kulturalnej natury, może przy okazji zajrzeć do mieszczącej się w budynku muzeum bardzo stylowej i popularnej restauracji Istanbul Modern Cafe. ■

Like any self-respecting metropolis, Istanbul has also decided to set up its very own Museum of Modern Art. Located in a former customs warehouse in the docklands right by the Bosphorus, it alludes aesthetically to London's Tate Modern. The museum was founded in 2004, but only really started to make an impact three years later, when David Elliott took over as its artistic director, having previously cooperated with Tokyo's Mori Art Museum. Thanks to him, Istanbul Modern began to present works by renowned and popular artists: Martin Parr, Robert Capa, and Sam Taylor-Wood. Recently, it also organized a retrospective devoted to the achievements of Turkey's most prominent artist and filmmaker, Kutluğ Ataman, entitled "The Enemy Inside Me." If you feel the need for even more cultural experiences, you can always visit the neighbouring Istanbul Modern Cafe – a stylish and popular restaurant. ■

A

fot. © Istanbul Modern

fot. MN

HOTELE | HOTELS

1. THE HOUSE HOTEL NISANTASI, Abdi İpekçi Cd 34
2. W HOTEL, Süleyman Seba Cd 22
3. HUSH HOSTEL, İskele Sk 46
4. SUMAHAN ON THE WATER, Kuleli Cd 51
5. A'JIA HOTEL, Ahmet Rasim Paşa Yalisi, Çubuklu Cd 27

RESTAURACJE | RESTAURANTS

6. TAMIRANE, Kazım Karabekir Cd 2/8
7. KANTIN, Akkavak Sk 30
8. PANDO KAYMAKCI, Köyiçi Meydanı Sk
9. KOSINITZA, Bereketli Sk 2
10. AŞŞK CAFE, Muallim Naci Cd 64
11. TAKANIK BALIK, Arnavutköy Bebek Cd 13
12. ABRACADABRA, Arnavutköy Cd 50/1
13. BEBEK KAHVE, Cevdet Paşa Cd 13
14. LUCCA, Cevdet Paşa Cd 51B
15. MANGERIE, Cevdet Paşa Cd 69
16. SADE KAHVE, Yahya Kemal Cd 36
17. MÜZEDECHANGA, Sakıp Sabancı Cd 22

SKLEPY | STORES

18. YASTIK BY RIFAT ÖZBEK, Şakayık Sk 13/1
19. MIDNIGHT EXPRESS, Küçük Bebek Cd 7A

KLUBY | CLUBS

20. OTTO SANTRAL, Kazım Karabekir Cd 2/7
21. ANJELIQUE, Salhane Sk 5
22. KARGA, Kadife Sk 16
23. ARKA ODA, Kadife Sk 18

SZTUKA | ART

24. SANTRALISTANBUL, Kazım Karabekir Cd 2
25. SODA GALERI, Şakayik Sk 37/1
26. ORTAKÖY MECZET/MOSQUE, Mecidiye Köprüsü Sk 1
27. SAKIP SABANCI MUSEUM, Sakıp Sabancı Cd 42

1000 m

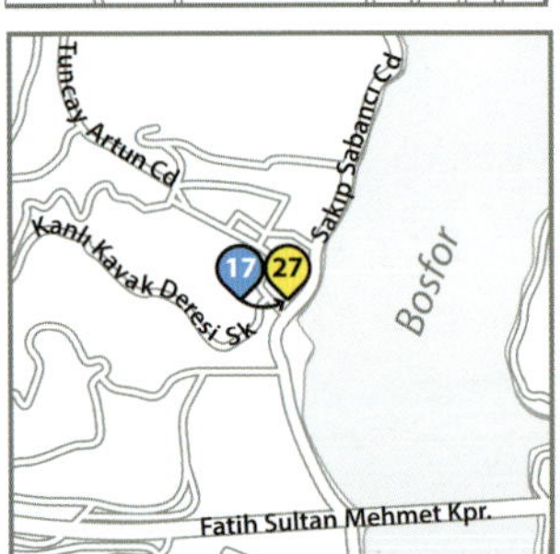

Fatih Sultan ehmet Kpr.
17
27
5
16
Büyükdere Cd
Uğur Mumcu Cd
Talatpaşa Cd
Talatpaşa Cd
Nispetiye Cd
Nispetiye Cd
Büyükdere Cd
Yahya Kemal Cd
19
15
14
13
12
11
10
Kandilli-Göksu Cd
Ahmet Adnan Saygun Cd
Bebek Cd
Arnavutköy
Kuruçeşme Cd
Vaniköy Cd
Rasathane Cd
nbul Çevre Yolu
Halaskargazi Cd
Barbaros Blv
İstanbul Çevre Yolu
Muallim Naci Cd
Kuleli Cd
4
Eryiğit Sk
Engin Cd
Kaldırım Cd
Rumeli Cd
7
25
18
1
21
26
Teşvikiye Cd
Cumhuriyet Cd
Sair Nedim
Barbaros Blv
Çırağan Cd
Boğaziçi Kpr.
Yalıboyu Cd
Bosna Blv
8
2
Süleyman
Fıstıklı Bayır Sk
Bosna Blv
Bosfor
9
Güzeldere Alt Cd
Tomruk Cd
Bosna Blv
Paşa Limanı Cd
İcadiye Cd
Meclis-i Mebusan Cd
İstanbul Çevre Yolu
Gazi Cd
Şile Otoyolu
Şile Otoyolu
Gündoğumu Cd
Tophanelioğlu Cd
Kennedy Cd
Nuh Kuyusu Cd
Çilehane Yolu Sk
Acıbadem Cd
Dr. Eyüp Aksoy Cd
Tıbbiye Cd
Libadiye Cd
Acıbadem Cd
3
Uzun Hafız Sk
Uzunçayır Cd
Taşköprü Cd
İstanbul Çevre Yolu
Mandıra Cd
Süleyman Paşa Sk
22
23
Moda Cd
Fahrettin Kerim Gökay Cd

DOMKI JAK Z BAJKI
HOUSES LIKE A FAIRY TALE

Szwajcarski architekt Le Corbusier podczas wizyty w Stambule w roku 1911 zapisał w swoim dzienniku: „Stambuł to zwarta aglomeracja, dom każdego śmiertelnika jest z drewna, ale tam, gdzie mieszka Bóg, dom wybudowany jest z kamienia".

I faktycznie, w tamtym czasie ta dzisiejsza metropolia zabudowana była głównie drewnianymi domkami. Niestety, z biegiem lat większość z nich pochłonęły liczne pożary. Tych, które się uchowały – z najstarszym w tym rejonie Amcazade Yalisi na czele – najwięcej jest w azjatyckiej części miasta. Część z nich jest już na tyle zrujnowana, że przypomina filmową scenografię, inne, te odrestaurowane, jawią się jako prawdziwe drewniane pałace. Sporo tych „bajkowych domków" stoi jeszcze w okolicy Suleymaniye, tyle że zostały one w niektórych wypadkach – nie zawsze fortunnie – odnowione i zamienione w szykowne hoteliki w kolorach różu, fioletu i błękitu, co sprawia wrażenie, jakby były powiększoną wersją domków dla lalek. Naszym skromnym zdaniem najbardziej oryginalne przykłady osmańskich rezydencji z drewna znajdziecie za to w pobliżu Arnavutköy. Są tu widoczne zarówno przy głównej ulicy, jak i w bocznych uliczkach, gdzie schowane w gąszczu rajskich ogrodów przyciągają wzrok charakterystyczną kolorystyką, zdobieniami i finezyjnymi balkonami. Najciekawiej w tej bajkowej scenerii prezentują się zwłaszcza te o egzotycznie brzmiących nazwach Halet Çambel Yalsi i Sadullah Paşa Yalisi. ■

During a visit to Istanbul in 1911, the Swiss architect Le Corbusier wrote in his journal that "Istanbul is a closely knit agglomeration; every mortal's dwelling is of wood, every dwelling of Allah is of stone..."

Indeed, during that period today's metropolis consisted mostly of wooden houses. Unfortunately, over the years, a great many fires consumed most of those historic buildings. Those which survived – the oldest in the region being Amcazade Yalisi – are located in the Asian part of town. Some of them are so dilapidated that they resemble more of a film set, while the renovated ones present themselves as proud wooden palaces. Many such "fairy-tale houses" can still be seen standing in the Suleymaniye area. In some cases, they have been restored – not always with due care – and converted into chic boutique hotels, whose pink, purple and blue colour schemes make them look like blown-up versions of dollhouses. In our humble opinion, the most original examples of wooden Ottoman houses can be found in the vicinity of Arnavutköy. They are located both on the main boulevard and on the side streets, where they lie hidden in paradisal gardens, catching the eye with their distinctive colours, decor and intricate balconies. This fabulous scenery is home to two of the most interesting houses, the exotic-sounding Halet Çambel Yalsi and Sadullah Paşa Yalisi. ■

fot. MN

fot. Courtesy The House Hotel

A'JIA HOTEL

Ahmet Rasim Paşa Yalisi, Çubuklu Caddesi 27, 34812 Istanbul
tel. +90 216 413 9300, www.ajiahotel.com

Przenosimy się teraz na azjatycką stronę miasta, czyli na wschodni brzeg Bosforu. To tutaj znajduje się ten luksusowy nader romantyczny hotel zajmujący XIX-wieczny pałacyk z klasyczną osmańską fasadą. Foyer A'jia wykonane zostało z marmuru skąpanego w naturalnym złocistym świetle i urządzone prostymi współczesnymi meblami. Dziesięć wyjątkowo eleganckich pokoi i sześć apartamentów utrzymano z kolei w minimalistycznym stylu. Z każdego z nich roztacza się wspaniały widok, a ich dodatkową zaletą są łazienki, z kremowego tym razem marmuru, wielkości tenisowego kortu. Na miejscu znajduje się również doskonała restauracja z kuchnią śródziemnomorską, której głównym atutem są dania włoskie. Za te wszystkie atrakcje przyjdzie wam jednak słono zapłacić, przynajmniej 260 euro za noc. Cóż, elegancja w takim wydaniu nie może kosztować mniej. ■

We move on to the Asian part of town, i.e. the eastern shore of the Bosphorus, and enter this extremely romantic, luxury hotel, located in a 19th century palace with a classical Ottoman facade. The foyer is tiled with natural marble, bathed in golden sunlight, and decorated with simple modern furniture. The hotel's 10 ultra-elegant rooms and 6 suites are, on the other hand, decorated in a minimalist style. Each offers a magnificent view, with an additional advantage in the form of marble bathrooms (this time, the stone has a creamy complexion) the size of a tennis court. There is also an excellent restaurant serving Mediterranean cuisine, which specializes in Italian cuisine. All these attractions, however, come at a price: at least 260 euros per night. After all, how could such elegance cost anything less. ■

HUSH HOSTEL

BUDGET

Iskele Sokak 46, 34716 Istanbul, tel. +90 216 450 4363
www.hushhostelistanbul.com

Jest to jedyny znany nam hostel położony w azjatyckiej części miasta. I do tego położony bardzo atrakcyjnie, bo w przepięknym drewnianym domku z lat 20. Zachowano w nim wszystkie oryginalne detale i wspaniałego osmańskiego ducha. Do wyboru mamy tu prywatne pokoje z łazienkami albo tzw. pokoje integracyjne, idealne dla podróżujących z plecakiem i szukających nowych znajomości globtroterów. Na miejscu znajduje się również uroczy ogródek oraz bar udanie zamieniający się czasem w galerię sztuki. I na koniec jeszcze jedna, kto wie, czy nie najlepsza wiadomość. Za pokój z balkonem i widokiem na morze zapłacicie tu tylko 35 euro! ■

The only hostel known to us located on the Asian side of town. One of its major advantages is the fact that it sits in a beautiful wooden house from the 1920s, with the original features and pervading Ottoman spirit all intact. We can choose from private rooms with en-suite bathrooms or "co-ed" rooms, ideal for backpackers and globetrotters looking to make new friends. There is also a charming garden and a bar which sometimes functions as an impromptu art gallery. And finally, one more piece of news – perhaps the best one yet. A room, complete with balcony and seafront view, costs no more than 35 euros! ■

Fot. courtesy A'jia Hotel

DE LUX

fot. courtesy The House Hotel

THE HOUSE HOTEL NISANTASI

Abdi Ipekçi Cd. 34, Istanbul, tel. +90 212 252 0422
www.thehousehotel.com (B) Nişantaşı Durağı

To już drugi prezentowany przez nas hotel spod szyldu The House Hotel. Ten jest jeszcze wytworniejszy i bardziej luksusowy niż opisywany wcześniej. Już samo wejście przyprawia o zawrót głowy, a dalej jest jeszcze lepiej… 45 przestronnych pokoi utrzymanych w naturalnych kojących kolorach wyposażono designerskimi meblami, a efektowną łazienkę oddziela w nich od reszty szklana tafla. Projektantom można tylko pozazdrościć rozmachu i wyczucia stylu. Nisantasi to jeden z tych hoteli, do których łatwo wejść, ale dużo trudniej je opuścić. Szczególnie że przy okazji trzeba zapłacić niebagatelny rachunek. Nocleg kosztuje bowiem nie mniej niż 200 euro za noc. ■

This is the second hotel operating under The House Hotel brand which we present in our guide. This one is even more chic and luxurious than the first. The entrance itself is enough to make you dizzy, and it only gets better... The 45 spacious rooms are decorated with soothing natural colours and equipped with designer furniture. The impressive bathrooms, meanwhile, are separated from the room area by means of a large glass pane. We can but envy the designers' sense of grandeur and style. Nisantasi is one of those hotels which are easy to enter, but much more difficult to leave... Especially since that's when you'll have to cover the hefty bill. Room rates start at 200 euros per night. ■

H

fot. Courtesy Sumahan on the Water

DE LUX

SUMAHAN ON THE WATER

Kuleli Caddesi 51, 34684 Istanbul, tel. +90 216 422 800, www.sumahan.com

Tym razem dla odmiany przenosimy się do spokojniejszej, azjatyckiej części Stambułu. Hotel, w którym się znajdujemy, położony jest tuż na cieśniną Bosfor, dzięki czemu jego tarasy unoszą się wprost nad wodą. Co ciekawe, wcześniej w tym samym budynku mieściła się gorzelnia tradycyjnego osmańskiego aperitifu raki. Stąd ten trochę przemysłowy charakter wnętrza urządzonego współczesnymi meblami, w tym ikonami modernizmu. Większość spośród 20 pokoi wyposażona została w bezcenne zimową porą kominki. Niektóre mają też bezcenne letnią porą bezpośrednie wyjście do ogrodu. We wszystkich znajdziemy luksusowe łazienki ze szlachetnego marmuru w stylu tureckiej łaźni. W hotelu znajduje się również elegancka restauracja rybna z – jakżeby inaczej – tarasem, która jak na nasz gust jest jednym z najromantyczniejszych miejsc, w jakich można zjeść kolację po tej stronie Bosforu. No i na koniec wypadałoby wspomnieć o cenie. Zrobimy to po cichu, żeby nie psuć nikomu nastroju… Za jedną noc w Sumahan On The Water trzeba zapłacić co najmniej 200 euro. Tyle że to stylowe szaleństwo naprawdę warte jest tej ceny. ■

For a change, we move on to Istanbul's quieter, Asian side. This hotel is located just over the Bosphorus, so the terraces seem to hover on the water. Interestingly, the building once housed a distillery producing the traditional Ottoman aperitif, raki. Hence the slightly industrial interior, decorated with contemporary furniture, including a host of Modernist-era icons. Most of the 20 rooms are equipped with fireplaces, vital during the wintertime. Some rooms also have direct access to the garden – vital during the summer. All of them have luxury bathrooms with fine marble made to look like a Turkish bath. The hotel also features an elegant seafood restaurant with – what else? – a terrace, which in our opinion is one of the most romantic places to have dinner on this side of the Bosphorus. Finally, we should mention the price. (Quietly, so as not to spoil your mood...) A night at Sumahan On The Water costs upwards of 200 euros. In any case, this stylistic madness is worth every lira. ■

fot. Courtesy W Istanbul Hotel

W HOTEL

Süleyman Seba Caddesi 22, 34357 Istanbul, tel. +90 212 381 2121, www.starwoodhotels.com (B) Valideçeşme Durağı

W pierwszej chwili byliśmy skłonni podejrzewać, że pomyliliśmy adresy i trafiliśmy do nocnego klubu. Przygaszone światło, głośna muzyka i ociekająca kryształkami recepcja to nie są w końcu zwyczajne rzeczy w luksusowym hotelu. Potem miało się okazać, że w tym akurat są, bo cały W pogrążony jest w seksowno-designerskim sosie. Goście mają tu do wyboru 134 pokoje zakwalifikowane do różnych kategorii: „wonderful", „spectacular", „fabulous", „marvelous", „wow", „mega". Jak się wkrótce przekonaliśmy, wszystkie w pełni zasługują na te entuzjastyczne nazwy, bo istotnie są wspaniałe, nienaganne, przestronne i po prostu zachwycające. Krótko mówiąc, szczęka opada. Nam udało się zakwaterować w pokoju z gatunku „spectacular" połączonym małym pomostem z prywatną cabaną spokojnie nadającą się do organizacji niezłej imprezki. Jeżeli dodamy jeszcze, że ten otoczony luksusowymi butikami hotel mieści się w odrestaurowanym kompleksie budynków z 1870 roku wybudowanych na żądanie sułtana Abdülaziza dla służby obsługującej mieszkańców pałacu Dolmabahçe, to zrozumiecie chyba, że nasz zachwyt jest w pełni uzasadniony. A jak nie zrozumiecie, to nie pozostaje wam nic innego, jak doświadczyć tego osobiście. ■

At first, we were inclined to think that we had the wrong address and ended up at a night club. After all, dim lights, loud music and a front desk lined with crystals are not run-of-the-mill decorative elements for a luxury hotel. But it soon turned out that this entire place is drenched in a sexy-designer sauce. Guests may choose from 134 rooms, classified into different categories: "wonderful", "spectacular", "fabulous", "marvellous", "wow", "mega". We soon discovered that they fully deserve their enthusiastic names, as they are indeed wonderful, tidy, spacious and – simply – stunning. In a nutshell, jaw-dropping stuff. We got one of the rooms labelled "spectacular", which was connected with a small platform to a private cabana, good enough to fit a small party. We should add that the hotel, surrounded by luxury boutiques, is housed in a renovated building complex dating back to 1870, built at the request of Sultan Abdülaziz as the living premises for staff serving the residents of Dolmabahçe Palace. So now you see: our enthusiasm is fully justified. Any if you still don't understand, there is no option but to experience it for yourself. ■

fot. Courtesy W Istanbul Hotel

HIP

fot. Courtesy MuzedaChunga

R

restauracje/kawiarnie restaurants/cafés

fot. Robby Cyron

ABRACADABRA

Arnavutköy Caddesi 50/1, 34345 Istanbul, tel. +90 212 358 6087 (B) Arnavutköy Durağı
wt.-czw. 10-21, pt.-sob. 10-5 Tue-Thr 10am-9pm, Fri-Sat 10am-5am

Abracadabra zajmuje cztery piętra jednej z romantycznych drewnianych rezydencji osmańskich położonych w wyjątkowo bajkowej części Stambułu, czyli dzielnicy Arnavutköy. Przed wejściem mamy tu ogródek z kolorowymi meblami prowadzący nas na parter budynku zajmowany przez bar z eklektyczną mieszanką mebli, pośrodku którego ustawiono starą lodówkę marki Smeg. Ze ściany na popijających drinki gości zerka gigantycznych rozmiarów hipopotam ze słuchawkami nadzorujący pracę didżeja okupującego ustawioną pod nim budkę. Z baru drewnianymi schodami wchodzimy na pierwsze piętro, gdzie kilka stolików otacza otwartą kuchnię, królestwo Dilara Erbaya, nieustannie zaskakującego potrawami będącymi fuzją kuchni tureckiej z tajlandzką, libańską i bliskowschodnią. Posileni przygotowanymi przez maestro Erbaya specjałami możemy ruszać dalej, do sali na trzecim piętrze. Przypomina ona prowadzący ożywioną działalność osiedlowy dom kultury. Jakiś nieznany nam bliżej zespół gra reggae, ludzie tańczą, gadają, a my uskrzydleni muzyką unosimy się na ostatnie piętro Abracadabry. Tym, że mieści się na nim taras z niezwykłym widokiem na Bosfor, nie jesteśmy już nawet specjalnie zaskoczeni, brakiem wolnych stolików też nie. ■

R

fot. Robby Cyron

DINNER

Abracadabra is located on four stories of a romantic, wooden Ottoman mansion, situated in the particularly picturesque neighbourhood of Arnavutköy. In front of the entrance, there is a garden with vibrant furniture, which leads us to the ground floor, occupied by a bar sporting an eclectic mix of furniture and, right in the middle, an old Smeg brand fridge... The barflies are inspected from above by a giant headphone-wearing hippo, who also monitors the DJs in the booth beneath. Wooden stairs lead up from the bar and onto the first floor, where a couple of tables stand around an open kitchen. This is the realm of Dilar Erbay, who incessantly surprises his guests with his fusion of Turkish cuisine and Thai, Lebanese and Middle-Eastern influences. Having consumed maestro Erbay's specials, we can head up to the third floor, which consists of a room which resembles a very dynamic neighbourhood arts centre. So, a reggae band plays a tune while people dance and talk, and we move on up to the top floor of Abracadabra, lifted by the pleasant music. We are not at all surprised to see that it houses a terrace with an extraordinary view of the Bosphorus, and that there are no free seats left... ■

SADE KAHVE

LUNCH

Yahya Kemal Caddesi 36, 34040 Istanbul, tel. +90 212 358 2324
www.sadekahve.com (B) Rumeli Hisarı Durağı

Oto kolejna kawiarnia, obok której nie sposób przejść obojętnie. Trzeba tu usiąść. A najlepiej usiąść na tarasie, na którym w chłodne dni gości rozgrzewają płonące węgle w przemyślny sposób umieszczone pod stołami. Można tu zjeść wyborne typowo tureckie śniadania – ot, choćby syty omlet, oliwki, biały ser – popijane kawą przyrządzaną w tradycyjny sposób na... rozgrzanym węglu. Tyle że nie jest to już ten węgiel spod stołu. Kto ceni sobie prostą kuchnię i towarzystwo miejscowych, będzie zadowolony. ■

Yet another coffee shop impossible to omit in our itinerary. You simply have to grab a seat here. The best ones are on the terrace, where on colder days the guests warm up by the glowing coals cleverly located under the tables. You can eat a delicious, traditional Turkish breakfast – consisting of, let's say, a rich omelette, olives, and cottage cheese – washed down with a cup of coffee prepared in the traditional way...over hot coals. Luckily, not on the coals burning under the tables. If you appreciate simple cuisine and local company, you'll be very pleased. ■

AŞŞK CAFE

Muallim Naci Caddesi 64, 34975 Istanbul, tel. +90 212 265 4734, www.asskkahve.com (B) Kömür Tevzi Durağı

Aşşk to po turecku miłość, w związku z czym ta sprzyjającą romantycznym schadzkom lokalizacja jednej z siedzib Aşşk Cafe jest jak najbardziej na miejscu. Do woli można tu poromansować na tarasie nad Bosforem przy sobotnim brunchu, popołudniowym koktajlu, lunchu albo po prostu przy kawie. Wśród innych romansowo nastrojonych gości zobaczymy wtedy m.in. tureckich piłkarzy wpatrujących się z uwielbieniem w zajadające sałatki modelki. Nie mogą sobie co prawda pozwolić – tak jak my – na pysznego burgera z domowym majonezem, ketchupem i musztardą, ale i tak wyglądają na zadowolone. ■

Aşşk is Turkish for love – no wonder then, that this Aşşk Cafe outlet is the perfect spot for that romantic rendez-vous. You can romance all you want on the Bosphorus-facing terrace – be it over Saturday brunch, an afternoon cocktail, regular lunch or simply coffee. The other romance-minded guests often include Turkish footballers who gaze adoringly at the salad-munching models. Unlike us, the latter cannot afford to grub on a delicious burger with home-made mayonnaise, ketchup and mustard, but they look very happy nonetheless. ■

BESIKTAS PANDO KAYMAKCI

Köyiçi Meydani Sokak, 34353 Istanbul, tel. +90 212 258 2616 (B) Akaretler Durağı

Pando Bey nazywany w Stambule „królem śniadań" prowadzi ten maleńki sklepik już od wielu lat. Podejrzewamy zresztą, że nie ma innego wyjścia, bo jak by to wyglądało, gdyby porzucił rodzinny interes z powodzeniem prosperujący od 1895 roku? Kiepsko by to wyglądało. Tak czy inaczej z czystym sumieniem możemy powiedzieć, że dzień, który zaczniemy w Pando Kaymakci, musi być dniem udanym. Spróbujcie tylko tego anielskiego kaymaka – kremowego jogurtu z bawolego mleka z dodatkiem miodu – podawanego z chrupiącą bagietką, a błyskawicznie zrozumiecie, skąd ten nasz entuzjazm. ■

Pando Bey, dubbed Istanbul's "Breakfast King", has been operating this tiny shop for many years. Actually, we suspect he had no other choice – after all, how would it look if he were to ditch a family business that has been successfully expanding since 1895? It would look bad... Either way, we can definitely say that a day which begins in Pando Kaymakci will be a good day. Just try the angelic kaymak – creamy buffalo milk yogurt with honey – served with crispy baguette, and you will immediately understand our enthusiasm. ■

R

fot. Courtesy The House Cafe,

LUNCH

THE HOUSE CAFE

www.thehousecafe.com

Nie jesteśmy co prawda szczególnymi wielbicielami tzw. sieciówek, ale ta wyjątkowo przypadła nam do gustu. Z pełnym przekonaniem możemy nawet powiedzieć, że jest to najbardziej stylowa sieć kawiarni, jaką zdarzyło się nam odwiedzić w trakcie naszych podróży. Nie ma w tym nic zaskakującego, bo wszystkie House Cafe zostały zaprojektowane przez wielokrotnie już wspominaną firmę Autoban. Dzięki niej poszczególne lokale znacznie różnią się od siebie, ale wszystkie dzięki udanemu melanżowi antycznych mebli i współczesnych przemysłowych elementów mają swój niepowtarzalny charakter. House Cafe można znaleźć w wielu punktach Stambułu. W każdym serwują wyjątkowo dobre jedzenie i flagowy drink, czyli miętową lemoniadę z zielonymi jabłkami. Jest on jeszcze jednym powodem, dla którego koniecznie trzeba tu zajrzeć. ■

We're not huge fans of coffeehouse chains, but this one constitutes a worthy exception. We can say with all certitude that this is the most stylish coffeehouse chain we have visited during all of our journeys. This should not come as a surprise, since House Cafe outlets have all been designed by the oft mentioned Autoban company. The individual locations differ from one another, but all retain their unique character due to Autoban's positive mix of antique furniture and modern, industrial elements. House Cafes can be found all over Istanbul. They all serve good food and the chain's signature drink, mint lemonade with green apple: yet another good reason to pay a visit. ■

KOSINITZA

Bereketli Sokak 2, 34674 Istanbul
tel. +90 216 334 0400, www.kosinitzarest.com
(B) Kuzguncuk Durağı

IN

Restauracja leżąca w azjatyckiej części miasta Kuzguncuk, gdzie nienaruszone zębem czasu piękne drewniane domki sąsiadują z lokalnymi sklepikami i herbaciarniami. W okolicy znajdują się też synagoga, grecki kościół prawosławny i meczet. Trudno o bardziej magiczne otoczenie. Kosinitza ma i tę zaletę, że jakimś niewytłumaczalnym sposobem jej kuchni nie dotknął wirus „fuzji", co może być dla was miłą odmianą. Serwują tu wszelkiego rodzaju pasty, niemniej najlepiej zafundować sobie tradycyjne danie kuchni tureckiej. Ot, choćby karczochy nadziewane fasolą, sardynki zawijane w liście winogron albo ryby pod beszamelem. Niezależnie od stopnia nasycenia nie zapomnijcie o domowych deserach, które – jak nam doniesiono – przyciągają amatorów nawet z odległej Ankary. ■

This restaurant is situated in Kuzguncuk, on the Asian side of town, where wooden houses untouched by time stand side by side with local stores and tea rooms. The area is also home to a synagogue, a Greek Orthodox church and a mosque. It is difficult to imagine a more magical environment. Kosinitza has a major benefit: in some inexplicable way, the cuisine has not been affected by the 'fusion' virus, which you may see as a positive change. They serve a smorgasbord of pastas, but your best choice is to treat yourself to the traditional Turkish fare – bean-stuffed artichokes, sardines wrapped in grape leaves, or fish in béchamel sauce. Regardless of how sated you are, do not forget about the desserts, which – we are told – attract fans from as far away as Ankara. ■

LUCCA

Cevdet Paşa Cd. 51B, 34098 Istanbul, tel. +90 212 257 1255
www.luccastyle.com (B) Bebek Durağı
pon. 12-2, wt.-niedz. 10-2, Mon 12pm-2am, Tue-Sun 10am-2am

HIP

Młodzi Turcy znani są ze swojego ostentacyjnego umiłowania najdroższych samochodów, biżuterii i markowych ciuchów. Dobitnie można się o tym przekonać w czasie weekendowego brunchu i po godzinie 21 w tej wyjątkowo hip restauracji – zmieniającej się z nastaniem zmroku w jeszcze bardziej hip bar – położonej w modnej dzielnicy Bebek. Wystawiony na zewnątrz rząd białych stolików idealnie nadaje się do tego, aby się pokazać w towarzystwie i jednocześnie poobserwować innych. W środku mamy bardzo atrakcyjne wnętrze z białymi skórzanymi krzesłami, prostymi lub rzeźbionymi stołami i kolorowymi, designerskimi fotelami i kanapami. Na ścianach prezentowane są prace młodych tureckich artystów nadające tej eklektycznej mieszance jeszcze wyraźniejszego artystycznego sznytu. ■

Young Turks are known for their ostentatious love of expensive cars, jewellery and designer clothing. This penchant is clearly visible (during weekend brunch and after 9 p.m.) in this uber-hip restaurant – which, after dusk, changes into an even hipper bar – located in the trendy district of Bebek. The row of open-air white tables is the place to see and be seen. There is also a very pleasant interior with white leather chairs, simple and carved tables, as well as vibrant designer chairs and sofas. The walls are adorned with works by young Turkish artists, which gives this eclectic spot an even more artistic edge. ■

BEBEK KAHVE

Cevdet Paşa Caddesi 13, 34342 Istanbul
tel. +90 212 257 5402 (B) Çalibahçe Duragi
Codziennie 7-21, daily 7am-9pm

Kawa nazywana czarnym złotem, diabelskim napojem albo winem islamu dotarła do Konstantynopola już w XVI wieku. Wtedy też zaczęły powstawać pierwsze kawiarnie. Przebywać w nich mogli tylko mężczyźni, którzy nie niepokojeni przez zaborcze białogłowy z zapałem oddawali się politycznym i religijnym dysputom oraz najróżniejszym grom i zabawom. Z niewiadomych przyczyn budziło to sprzeciw religijnych ortodoksów, z uporem godnym lepszej sprawy domagających się zakazu picia kawy traktowanej jako rozsadnik niemoralności. Mimo wszystko często się zdarzało i tak, że kolejne kawiarnie powstawały tuż obok meczetów. Jedną z nich jest nasza ulubiona Bebek Kahve, niepamiętająca co prawda imperium osmańskiego, ale działająca jeszcze w czasach płciowej dyskryminacji. Poza świetną lokalizacją nad brzegiem Bosforu, chwiejącymi się stolikami i niewygodnymi jak jasna cholera krzesłami nie ma w niej niby nic nadzwyczajnego... Niby, bo za sprawą nawiedzających kawiarnię gości nadzwyczajna jest atmosfera! Jacy to goście? Różni. Przychodzą tu na poranną kawę starsi panowie pamiętający początki tego miejsca... Przychodzi pani, która była jedną z pierwszych kobiet wpuszczonych w te progi. Przychodzą też artyści, filmowcy oraz młodzi celebryci. No i my, dwie turystki z Bulandy, też przyszłyśmy. ■

Coffee – often dubbed black gold, the devil's drink or the wine of Islam – arrived in Constantinople in the 16th century. That's also when the first cafes began to open. They only catered to men, who were undisturbed by any possessive ladies, and thus eagerly entered into political and religious disputes, as well as all sorts of fun and games. For unknown reasons, all this led to opposition on the part of the orthodox religious community, which, with a persistence worthy of a better cause, fought to ban coffeehouses, considered a hotbed of immorality. Despite their efforts, new cafes would often emerge next to the mosques. Our favourite such place is Bebek Kahve, which is too young to remember the Ottoman Empire, but already operated in the era of sexual discrimination. Apart from the great location on the banks of the Bosphorus, wobbly tables and terribly uncomfortable chairs, there's nothing really special about it... Well, apart from the extraordinary atmosphere created by the regulars: these include elderly men who remember the beginnings of the place and still drop by for their morning coffee, and a lady who was one of the first women allowed inside, but also artists, filmmakers and young celebs. Oh, and us, two women from Poland... ■

fot. Courtesy MüzedeChanga

IN

MÜZEDECHANGA

Sakip Sabanci Caddesi 22, 34467 Istanbul, tel. +90 212 323 0901, www.changa-istanbul.com
(B) Baltalimani Durağı, wt.-sob. 10.30-23 Tue-Sat 10.30am-11pm

MüzedeChanga położone jest w ogrodach Sakip Sabanci Museum, ale ani kuchnia, ani wnętrze nie przypadłyby chyba do gustu byłym właścicielom majątku – rodzinie Sabancich. Próżno tu szukać wytwornych mebli z przełomu XVIII i XIX wieku, a jedzenie nie jest bynajmniej serwowane na chińskiej lub wiedeńskiej porcelanie. Wystój tego miejsca jest bardzo prosty, w skandynawskim guście: dużo szkła, naturalnego drewna i prostych opływowych mebli tak chętnie reklamowanej przez nas firmy – i to reklamowanej bez żadnych profitów – Autoban. Rewelacyjna kuchnia MüzedeChanga zaskakuje natomiast unikalnymi kombinacjami. Wyobraźcie sobie pistacjowe kiełbaski z hummusem albo delikatny, niemniej bardzo wyrazisty koper włoski z purée z bobu popijany wanganui, wódką cytrynową z kiwi i imbirem. To już brzmi fantastycznie, a smakuje…! Podobnie jak baklawa z dodatkiem pigwy i kajmakiem. Co tu dużo gadać… Są na niebie i ziemi rzeczy, o których nie śniło się filozofom. I to są m.in. te rzeczy, które znajdą się tutaj na waszych talerzach. ■

MüzedeChanga is located in the gardens of the Sakip Sabanci Museum, but surely neither the food nor the decor would have appealed to its former owners from the Sabanci family. No use looking for fancy furniture from the turn of the 19th century, or for food served on bone china or Vienna porcelain. The interior design is extremely simple and Scandinavian in style, with plenty of glass, natural wood, and simple ergonomic furniture from the Autoban company so often advertized here (with no profit for us, mind you). MüzedeChanga's superb cuisine is, however, surprising in its unique combinations. Just imagine: pistachio sausage with hummus, or gentle yet savoury fennel with broad bean puree washed down with Wanganui, a lemon vodka with kiwi and ginger. It's sounds great, and it tastes…! The same applies to the baklawa with quince and dulce de leche. But enough of this jabber… There are more things in heaven and earth, than are dreamt of in your philosophy – and some of them can be found on your plates at MüzedeChanga. ■

R

IN

fot. MIN

MANGERIE

Cevdet Paşa Cd 69, 34096 Istanbul, tel. +90 212 263 5199, www.mangeriebebek.com
(B) Bebek Durağı, codziennie 8-24 daily 8am-12am

Nasi tureccy znajomi mogą mieć do nas sporo żalu o to, że zdradzamy wam sekret tego miejsca, ale cóż... Czego się nie robi dla polskich przyjaciół. Mangerie położony jest w modnej dzielnicy Bebek i siłą rzeczy przyciąga modną klientelę. O jego istnieniu nie zawiadamia żaden szyld i nic poza adresem nie wskazuje na to, że właśnie tu trzeba się wdrapać schodami na trzecie, ostatnie piętro zwykłego bloku, na którym w jednym z mieszkań zainstalowała się ta niezwykła restauracja. Czujemy się w niej jak w bardzo estetycznie urządzonym domu przyjaciół. Mamy tu kilka pokoi, otwartą kuchnię, podłogi z bielonych desek, trochę mebli modernistycznych, trochę – jak bar z pięknej drewnianej ławy – w stylu prowansalskim, lustra z odbijającym się w nich światłem lamp Nelsona, sporo znalezisk z pchlich targów i jeszcze więcej książek... Główną atrakcją jest jednak nieprawdopodobna wprost weranda – znowu w prowansalskim stylu – z rustykalnymi drewnianymi stołami, kanapami i fotelami oraz czarodziejskim widokiem na Bosfor niepozwalającym nawet na moment skoncentrować się na rozmowie. Równać się z nim może tylko wyborne jedzenie, jakie tu serwują. Zwłaszcza śniadania i lunche. Nas szczególnie zachwyciła sałatka ze szpinaku z gorgonzolą, gruszką i jajkiem benedyktyńskim... Szczerze polecamy! ■

Our Turkish friends may be cross with us for disclosing this secret location, but then...what wouldn't you do for your Polish friends... Mangerie sits in the trendy district of Bebek, and thus attracts an equally trendy group of patrons. There is no street sign to announce its existence, and apart from the address, there is nothing indicating that an apartment on the third and top floor of this typical housing block is actually occupied by an extraordinary restaurant. Inside, we feel like at a friend's place decorated in an aesthetic way. There are several rooms, an open kitchen, whitened flooring, some Modernist furniture, some Provençal influences – like the bar with the beautiful wooden bench – with mirrors reflecting the light coming from Nelson lamps, many flea market finds and even more books... The main attraction, however, is the genuinely incredible veranda – once again of the Provençal variety – with rustic wooden tables, sofas and armchairs, and a magical view of the Bosphorus, which constantly distracts guests from holding a normal conversation. It can only be compared with the fabulous cuisine served here. Especially when it comes to breakfast and lunch. We were especially amazed with the spinach salad with gorgonzola, pear and egg Benedictine... Sincerely recommended! ■

fot. Robby Cyron

TAKANIK BALIK

Arnavutköy Bebek Caddesi 13, 34345 Istanbul
tel. +90 212 263 8346, www.arnavutkoytakanik.com
Ⓑ Kolej Durağı

W tej małej, niezmiennie wypełnionej gośćmi restauracji zawsze możecie liczyć na świeże i pyszne – a przy okazji wyjątkowo tanie – ryby i owoce morza. Wybór jest tak ogromny, że damy sobie spokój z próbą streszczania tutejszego menu. Ale niezależnie od tego, co wybierzecie, jedno musi być dla was pewne. To, że po obfitym posiłku ruszycie na spacer uliczkami historycznej dzielnicy Arnavutköy, w której położona jest Takanik Balik, i pozachwycacie się drewnianą architekturą z czasów imperium osmańskiego. ■

Guests at this small, ever-crowded restaurant can always count on fresh and delicious seafood. And it's tremendously cheap, too. The choice is so vast that we won't even bother to present the menu. Anyway, no matter what you choose, one thing is for sure: after a hearty meal, you will embark on a stroll through the historic Arnavutköy district – where Takanik Balik is located – and admire the wooden architecture dating back to Ottoman times. ■

KANTIN

VEG

Akkavak Sokaki 30, 34365 Istanbul, tel. +90 212 219 3114, www.kantin.biz
Ⓑ Nişantaşı Durağı

Istnienie tej w sumie bardzo „europejskiej" knajpki zawdzięczamy uznawanej za guru tureckiego świata kulinarnego Şemsy Denizsel, znanej pasjonatce kultury slow food. Na codziennie zmieniające się w Kantin menu składają się proste domowe dania przygotowywane z organicznych produktów. Znajdą tu coś dla siebie zarówno zaprzysięgli wegetarianie, jak i wielbiciele mięsa, ryb i najróżniejszych tart. Jednych i drugich pogodzą przy tym – a właściwie po tym – wspaniałe desery. ■

We owe the existence of this essentially very 'European' bistro to Turkey's culinary guru, Semsa Denizsel, a well-known propagator of "slow food" culture. The menu, which changes daily, consists of simple home-style meals prepared with organic products. Everyone can count on something delicious: from sworn vegetarians to fish fans and all-out carnivores. Despite their differences, all of the above groups will come to a peaceful agreement over the fabulous desserts. ■

R

fot. Courtesy Tamirane

TAMIRANE

Eski Silahtaraga Elektrik Santrali, Kazim Karabekir Caddesi 2/8, 34060, Istanbul
tel. +90 212 311 7309, www.tamirane.com (B) Silahtar Durağı
pon.-czw. 9.30-24, pt.-sob. 10-2, niedz. 10-21 Mon-Thr 9.30am-12am, Fri-Sat 10am-2am, Sun 10am-9pm

Tamirane to jedno z naszych największych odkryć w Stambule. Dawna oczyszczalnia wody na terenie Santralistanbul zamieniona została w utrzymaną w przemysłowym stylu awangardową restaurację. Z wysokości 12 metrów zwisają tu metalowe lampy, a zimną betonową przestrzeń skutecznie ocieplają współczesne stylowe meble. Ciekawie prezentuje się też stanowisko didżeja zrobione z urządzenia przypominającego o poprzednim przeznaczeniu tego miejsca. Wszystko to razem dało imponujący efekt. Tamirane działa codziennie od rana do późnych godzin nocnych jako restauracja serwująca pyszne i efektownie podane potrawy kuchni śródziemnomorskiej. W czasie niedzielnego brunchu między 15 a 17 odbywają się „Morning Jazz Sessions", a w soboty scena przechodzi we władanie didżejów grających w kolejnej cyklicznej imprezie „Morning Indie Sessions". Poza tym raz w miesiącu występują międzynarodowe gwiazdy jak, Ursula Rucker, Kid Loco, The Cinematic Orchestra czy Micatone. ■

Tamirane is one of our proudest discoveries in Istanbul. This former sewage treatment plant located in Santralistanbul has been converted into an industrial/avant-garde restaurant. Metal lamps hang down 12 meters, while the cold concrete is heated up with stylish contemporary furniture. The DJ desk is another interesting sight, resembling a machine which reminds us of the former function of these premises. All in all, the final effect is stunning. Tamir operates every day from morning till night as a restaurant serving delicious and beautifully arranged Mediterranean cuisine. On Sunday brunch, "Morning Jazz Sessions" are held between 3 and 5 p.m., and on Saturday, the stage is invaded by DJs as part of yet another cyclical event, dubbed "Morning Indie Sessions". Once a month, international stars – such as Ursula Rucker, Kid Loco, The Cinematic Orchestra, or Micatone – are invited to play. ■

MAPA
MAPA

S

sklepy stores

BEBEK | BEŞIKTAŞ | EMIRGAN | EYÜP | ASIAN SIDE

MIDNIGHT EXPRESS

FASHION

Küçük Bebek Caddesi 7A, 34342 Istanbul, tel. +90 212 265 4547, www.midnightexpress.com.tr
(B) Bebek Durağı, codziennie 10-19 daily 10am-7pm

Pamiętacie kultowy film „Midnight Express" o niefartownym przemytniku narkotyków? W Turcji też go pamiętają i stąd nazwa tego konceptualnego sklepu. Jednak nie znajdziecie tu – na szczęście! – nawet grama białego proszku. Są za to inne, nie mniej ekscytujące i znacznie mniej szkodliwe atrakcje. Mowa o unikalnej kolekcji mody autorstwa tureckich i międzynarodowych projektantów – m.in. Vanessy Bruno i Marka Jacobsa – delikatnej biżuterii naszej mieszkającej w NYC rodaczki Iwony Ludygi i najróżniejszych cudownych dodatkach. ■

Remember the cult film "Midnight Express", about that hapless drug trafficker? So do the Turks – hence the name of this concept store. Fortunately, though, you will not find even a gram of white powder here. There are, however, other no less exciting (and much less harmful) attractions. By this, we mean the unique fashion collection with designs by Turkish and international designers including the likes of Vaneesa Bruno and Marc Jacob, the delicate jewellery by Poland's own Iwona Ludyga – currently living in NYC – and numerous other accessories. ■

YASTIK BY RIFAT ÖZBEK

Şakayik Sokak 13/1, 34182 Istanbul, tel. +90 212 240 8731, www.yastikbyrifatozbek.com
(B) Nişantaşı Durağii

Znany projektant mody Rifat Özbek zapałał swego czasu tak wielką miłością do poduszek, że postanowił otworzyć sklep z zaprojektowaną przez siebie kolekcją. Nie są to, rzecz jasna, poduszki zwyczajne... O nie... Każda z nich to prawdziwe dzieło sztuki. Özbek zrobił je z gromadzonych latami w trakcie podróży po świecie egzotycznych tkanin. Charakteryzują się one tak wybitnie fantazyjnymi wzorami, że trudno nam uwierzyć, iż w ogóle można zasnąć, przykładając do takiej poduszki głowę. I chyba o to chodzi. O podziwianie, a nie zasypianie. ■

At one point in his career, the renowned fashion designer Rifat Özbek became so enamored with pillows that he decided to open a shop with his own collection. These are by no means your average pillows, mind you... Oh, no... Every single one is a true work of art. Özbek made them out of exotic fabrics which he collected over the years during his global voyages. They are characterized by patterns so fancy that it is actually hard to believe someone could lay their head on them. Actually, that's probably the point: they're meant for admiring, not sleeping... ■

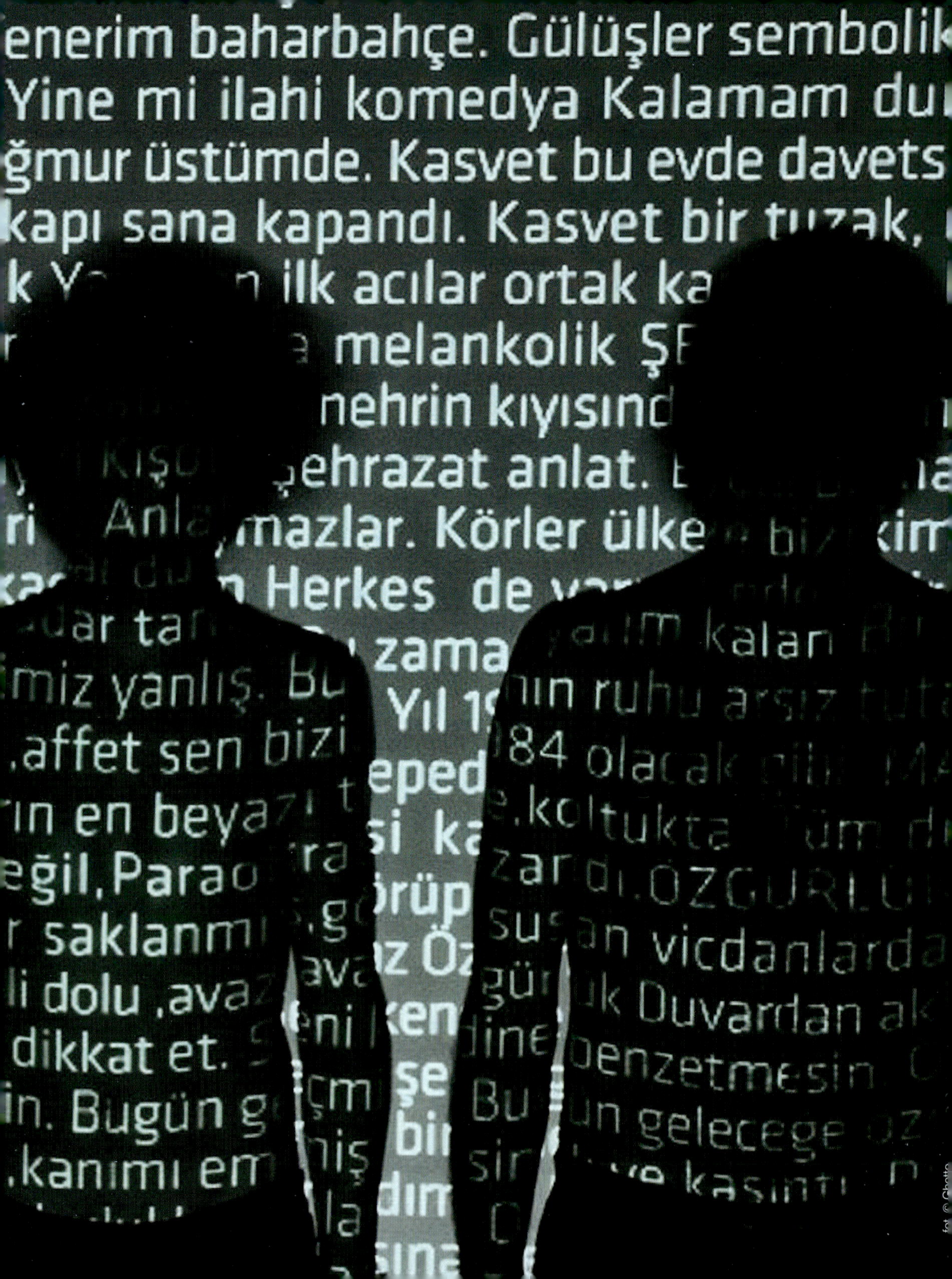
enerim baharbahçe. Gülüşler sembolik
Yine mi ilahi komedya Kalamam du
ğmur üstümde. Kasvet bu evde davets
kapı sana kapandı. Kasvet bir tuzak,
ilk acılar ortak ka
melankolik
nehrin kıyısınd
ehrazat anlat.
mazlar. Körler ülke
Herkes de
miz yanlış.
.affet sen
84 olacak
ın en bey
.koltukta
eğil,Para
r saklanm
n vicdanlard
li dolu ,ava
k Duvardan
dikkat et.
benzetmesin
in. Bugün
n gelecege
.kanımı em

B

bary/kluby bars/clubs

BEBEK | BEŞIKTAŞ | EMIRGAN | EYÜP | ASIAN SIDE

ARKA ODA

Kadife Sokak 18, 34710 Istanbul, tel. +90 216 418 0277, www.arkaoda.com
godz. Codziennie 12-2, daily 12pm-2am

fot. Stephane Jourdan

Jak się okazało, azjatycka strona Stambułu nie jest aż tak spokojna, jak się nam wydawało. Tutaj też udało się nam w końcu wynaleźć kilka klimatycznych rozrywkowych miejsc. Jednym z nich jest właśnie Arka Oda, schowany w zakamarkach małej uliczki Kadife i złośliwie nieoznaczony żadnym szyldem, co sprawia, że dostęp mają tu tylko wtajemniczeni. Kiedy w końcu i my znaleźliśmy się wśród nich, okazało się, że jest to bardzo undergroundowy, przypominający zwykłe mieszkanie bar pogrążony w artystycznym nieładzie i oświetlony starymi babcinymi lampami z kolorowymi abażurami. Świetna muzyka i przemiłe towarzystwo sprawiły, że od razu przypadł nam do gustu, a już w absolutnie euforyczny nastrój wprawił nas bardzo pikantny koktajl o nazwie 3malpy. Jego nazwa wzięła się stąd, że po trzeciej kolejce... Albo nie, sami sprawdźcie, co się dzieje po trzeciej kolejce. ■

It turns out that Istanbul's Asian half is nowhere near as calm as we first thought. We managed to find some really atmospheric and entertaining places on this side of town, too. One such spot is Arka Oda, hidden in the dark corners of a back street called Kadife and unmarked by any street sign whatsoever, which means that it is only known to the lucky few. When we finally became part of this group, it turned out that it is an underground bar, (dis) arranged in an artistic manner and lit up using granny-style lamps with colourful lampshades. The great music and pleasant company meant that we immediately took a liking for the place. After tasting a very spicy imbibe called '3maply', we felt absolutely euphoric. The cocktail's name comes from the fact that after the third round... Actually, just drink it and see what happens after the third round. ■

B

fot. Robby Cyron

IN

KARGA

Kadife Sokak 16, 34710 Istanbul, tel. +90 216 330 3151
www.kargart.com, codziennie 11-2 daily 11am-2am

I znowu jesteśmy w azjatyckiej części miasta. W przeciwieństwie do kilku innych podobnych przybytków ten odnaleźliśmy bez trudu. Było nam o tyle łatwiej, że to najpopularniejszy bar – a właściwie bar i galeria w jednym – w tym rejonie. Karga zajmuje dwa piętra, na których obywają się często wernisaże urozmaicone imprezami muzycznymi. Na co dzień można się napić wyjątkowo taniego piwa i przy eklektycznej, ale z gruntu awangardowej muzyce pooglądać porozwieszane na ścianach prace niezależnych artystów. Można też pogwarzyć w zacisznym ogródku z wyjątkowo przychylnie nastrojonymi bywalcami, wśród których po góra dwóch piwach poczujecie się jak w gronie starych znajomych. ■

We once again find ourselves in the Asian part of town. In contrast to several other similar spots, we had no trouble finding this place. It was all the easier since it's the most popular bar – or, more precisely, a two-in-one bar and gallery – in the area. Karga occupies two floors, which often serve as the backdrop for art exhibitions and/or music shows. On regular days, you can get a really cheap beer and admire works by independent artists while listening to eclectic but thoroughly avant-garde music. You can also have a chat in the secluded garden among a group of extremely friendly patrons: after two beers, you'll begin to think they're your long-lost friends. ■

fot. Courtesy Anjelique

ANJELIQUE

Salhane Sokak 5, 34430 Istanbul, tel. +90 212 327 2844, www.istanbuldoors.com
Ⓑ Kabataş Lisesi Durağı, codziennie 18-4 daily 6pm-4am

Momentami mogłoby się wydawać, że wielokrotnie przywoływana już przez nas firma Autoban ma w tym mieście wyłączność na aranżacje najmodniejszych lokali. Działająca od maja do listopada Anjelique zdaje się tylko potwierdzać ten domysł. Kapryśni esteci, niepoprawni hedoniści i nastrojeni romantycznie osobnicy będą się czuli w tej przepięknej rezydencji położonej w dawnej rybackiej wiosce Ortaköy nad brzegiem Bosforu jak w raju. Albo nawet lepiej niż w raju, bo tam nie ma chyba restauracji sushi, baru z wystrzałowymi koktajlami ani nocnego klubu pełnego eleganckich balangowiczów. A tu i owszem, jakimś cudem udało się pomieścić wszystkie te atrakcje pod jednym dachem. Znalazło się nawet miejsce na taras z tradycyjnie oszałamiającym widokiem... I czego chcieć więcej?! ■

At times, it might seem that the often cited Autoban company possesses a near-exclusive right to arrange Istanbul's trendiest hotspots. Anjelique – which operates from May to November – only confirms this hypotheses. Whimsical aesthetes, incorrigible hedonists, and romantic types will feel like in heaven upon setting foot in this beautiful mansion located in the former fishing village of Ortakoy on the Bosphorus. Or maybe even better than heaven, since the latter probably lacks a sushi restaurant, a bar with mind-blowing cocktails, or a night club swarmed by chic partygoers. Anjelique, meanwhile, did manage to fit all these attractions under one roof. It even includes a terrace, with the traditionally stunning views... What else could you want? ■

B

Fot. Courtesy Anjelique

fot. Ted Noten, Courtesy Soda Galeri

A

sztuka/architektura art/architecture

BEBEK | BEŞIKTAŞ | EMIRGAN | EYÜP | ASIAN SIDE

fot MN

ORTAKÖY MECZET/ MOSQUE

Mecidiye Köprüsü Sokak 1
34347 Istanbul (B) Kabataş Lisesi Duraği

W Stambule jest co najmniej 2600 meczetów. Większość przewodników rozpisuje się o tym najpopularniejszym – o ile to słowo jest tu na miejscu – czyli Błekitnym Meczecie. My pójdziemy trochę pod prąd i wskażemy wam inny, często pomijany w tych samych przewodnikach meczet w Ortaköy. Tę cudowną neobarokową budowlę wzniesiono w latach 50. XIX wieku na polecenie sułtana Abdulmecida. Niezwykle efektownie prezentuje się ona szczególnie nocą, kiedy kontrastuje z granatowymi wodami Bosforu. Warto przy okazji wiedzieć, że w niedzielne popołudnia okolice meczetu zajmuje targ z lokalnymi wyrobami artystycznymi przyciągający całe stambulskie rodziny i nieodzownych przy takich okazjach turystów. ■

There are at least 2600 mosques in Istanbul. Most guidebooks write about the most popular one (if 'popular' is the right word): the Blue Mosque. On our part, we will go countercurrent and tell you about a mosque in Ortakoy which the other guides often omit. This magnificent neo-Baroque edifice was built in the 1850s by order of Sultan Abdulmecid. It makes the greatest impression at night, when it contrasts with the blue waters of the Bosphorus. It is worth knowing that on Sunday afternoons, the area around the mosque turns into market hawking local arts and crafts, which draws entire families of locals and the inevitable crowds of tourists. ■

A

fot. Courtesy Sakip Sabanci Museum

SAKIP SABANCI MUSEUM

Sakip Sabanci Caddesi 42, 34467 Istanbul, tel. +90 212 277 2200, www.muze.sabanciuniv.edu
Ⓑ Baltalimani Durağı, wt., czw.-sob. 10-18, śr. 10-20 Tue, Thr-Sat 10am-6pm, Wed 10am-8pm

Na moment porzucimy teraz świat sztuki współczesnej na rzecz czarownego Orientu, którego bogactwa wspaniale prezentują się w tym położonym na wzgórzu pałacu będącym kiedyś własnością Sabancich, jednej z najbogatszych rodzin w Turcji. W trzech pomieszczeniach na parterze zachowano jeszcze oryginalne wyposażenie z czasów państwa S. Zobaczymy tu między innymi kolekcję chińskiej i japońskiej porcelany z XVIII i XIX wieku oraz fascynujące zbiory porcelany francuskiej, niemieckiej i wiedeńskiej z wieku XIX. Wśród tych delikatnych cacek zawisły na ścianach obrazy z XIX i XX wieku. Na pierwszym piętrze zgromadzono z kolei liczne dowody potęgi tureckiej i arabskiej sztuki kaligrafii. Najstarsze z nich pochodzą nawet sprzed 500 lat. Są wśród nich modlitewniki, dokumenty cesarskie, poezja i rękopisy Koranu. Przy okazji prezentowane są również narzędzia, którymi posługiwali się kaligrafowie. Obok tej stałej ekspozycji odbywają się tutaj wystawy czasowe. Warto jeszcze wiedzieć, że to właśnie przy muzeum Sabanci znajduje się opisywana przez nas w stosownym dziale jedna z najlepszych restauracji w mieście MüzedeChanga. Jest też cudowny park. No i są widoki… Nie tylko na przeszłość, ale i przyszłość. ■

Let us leave contemporary art aside for a while and take a whiff of the enchanting Orient, whose riches are beautifully displayed in this hilltop palace, once owned by the Sabanci family, one of the richest in Turkey. The three rooms on the ground floor retain the original furnishings from the Sabanci era, including a collection of 18th and 19th century Chinese and Japanese porcelain, as well as fascinating collections of French, German and Viennese porcelain from the nineteen hundreds. These delicate pieces are surrounded by 19th and 20th century paintings. The first floor showcases Turkish and Arabic calligraphy in all its powerful glory. The oldest pieces date back 500 years. These include prayer books, imperial documents, imperial, poetry and Koranic manuscripts. The tools used by calligraphers are also exhibited. Apart from the permanent exhibition, there are also temporary ones. It is worth adding that the Sabanci museum in close proximity to one of the best restaurants in town, MüzedeChanga, to which we have devoted a separate entry. There is also a wonderful park. And the views... Views of the past, and views of the future. ■

fot. Courtesy Santral Istanbul

SANTRALISTANBUL

Eski Silahtaraga Elektrik Santrali Kazim Karabekir Caddesi 2, 34060 Istanbul, www.santralistanbul.org (B) Silahtar Durağı

Ta dawna elektrownia w najstarszej przemysłowej dzielnicy Stambułu pamięta jeszcze czasy imperium osmańskiego, ale ciągle nie narzeka na brak energii. A to wszystko za sprawą działającego na jej terenie Muzeum Energetyki i Centrum Kultury i Sztuki, które to zajmuje część dawnej kotłowni, a która po przebudowie została nagrodzona w konkursie International Architecture Awards 2010. W tej niezwykłej przestrzeni zorganizowano już bardzo wiele znaczących wystaw prezentujących sztukę w całym bogactwie jej form i odmian. O ile nam wiadomo, ta chlubna działalność ma być kontynuowana do upadłego, czego oczywiście – mowa o upadaniu – w żadnym razie galerii nie życzymy! ■

This former power plant in the oldest industrial district of Istanbul remembers the Ottoman times, but still cannot complain of a lack of energy. All thanks to the Energy Museum and the Arts and Culture Centre which operate here, occupying part of the former boiler room, which – after its reconstruction – received the International Architecture Award 2010. This unique space has already held a number of significant art exhibitions presenting art in all its forms and varieties. As far as we know, these distinguished activities will be continued indefinitely – although, of course, we wish the gallery a definite success! ■

A

fot. Courtesy Soda Galeri

SODA GALERI

Şakyik Sokak 37/1, 34365 Istanbul, tel. +90 212 231 8988, www.sodaistanbul.com
Ⓑ Nişantaşı Durağı, pon.-sob. 10-18.30, Mon-Sat 10am-6.30pm

Mimo że powstała stosunkowo niedawno, bo w roku 2010, Soda Galeri na stałe zadomowiła się już na rynku sztuki współczesnej i zdobyła uznanie w środowisku jej koneserów. Prezentowane są tu prace z zakresu fotografii, malarstwa i designu. Specjalnością galerii jest biżuteria artystyczna. Już otwarciu towarzyszyła wystawa światowej sławy artysty Teda Notena, genialnego twórcy współczesnej biżuterii w subtelny sposób naigrywającego się w swoich projektach z topowych luksusowych marek. ■

Though established relatively recently – in 2010 – Soda Galeri has gained a permanent foothold in the contemporary art market and gained recognition among connoisseurs. It exhibits works in the fields of photography, painting and design. However, the gallery specializes in artistic jewellery. Even the opening was accompanied by an exhibition by world-renowned artist Ted Noten, a modern jewellery genius who, in his designs, artfully mocks the collections of top luxury brands. ■

+

+

fot. MN

HAMMAM

Hammam to nie tylko miejsce, w którym oczyścić możemy ciało i duszę, to również centrum życia towarzyskiego i rozrywkowego.

Nie będzie chyba przesady w twierdzeniu, że są one bardzo ważnym elementem spuścizny imperium osmańskiego, w którym obowiązywała bliska nam filozofia streszczająca się w haśle „wszystko dla ciebie, ponieważ jesteś tego wart". Między XVI a XVIII wiekiem łaźnie w Stambule wyrastały niczym grzyby po deszczu. Związane z nimi tradycje, ich kultura przekazywane były następnie z pokolenia na pokolenie, aż do naszych czasów. Niestety, z tych pierwszych najstarszych hammamów zachowało się tylko 20. Chociaż może należałoby powiedzieć, ze aż 20. Niewybaczalnym grzechem byłoby nie odwiedzić przynajmniej kilku z nich. To jak podróż do innego, nieznanego nam świata. Świata, jaki znaliśmy do tej pory tylko z „Baśni z tysiąca i jednej nocy". Teraz wy również możecie być jego częścią. Wystarczy, że zajrzycie pod wybrane przez nas adresy… ■

The hamam is not just a place which allows you to cleanse your body and soul, but also the epicentre of social life.

It is no exaggeration to say that it constitutes a key feature of the Ottoman legacy, ruled by the motto – so dear to us – of "anything for you, because you're worth it." Between the 16th and 18th centuries, the huge Turkish baths would pop up like mushrooms. The hamam tradition and culture was passed on from generation to generation, all the way until modern times. Unfortunately, only 20 of the oldest hamams have survived to this day. Perhaps we should say "as many as 20"... It would be an unforgivable sin not to visit at least a few. Crossing the threshold of a Turkish bath is like journeying into another, unknown dimension: a world known to us only from "The Tale of One Thousand and One Nights." Now, you too can become part of this realm. All you have to do is show up at the following addresses... ■

fot. © margouillat photo – Fotolia.com

DE LUX

fot. MN

Cađalođlu Hamami www.cagalogluhami.com.tr
Tę przez wielu uważaną za najpiękniejszą łaźnię Stambułu wybudowano w roku 1741 na zlecenie Mahmuda II. W wejściu możemy się przejrzeć w wielkim złoconym lustrze i dobrze jest to zrobić, bo przy wyjściu możemy się już nie poznać, tak będziemy zrelaksowani i wypoczęci. W środku czekają na nas osobne łaźnie dla kobiet i mężczyzn oraz fontanny oświetlone promieniami słońca przedzierającymi się przez 120 małych okienek. ■

Regarded by many as the most beautiful hamam in Istanbul, Cađalođlu was commissioned by sultan Mahmud II and built in 1741. When entering, we can gaze at ourselves in the giant gold-plated mirror – a good thing to do, since we may not recognize our bodies on the way out, them feeling more relaxed and refreshed than ever... Inside, there are separate baths for men and women and fountains illuminated by the rays of the sun, which shines through 120 tiny windows. ■

Çemberlitaş Hamami www.cemberlitashamami.com.tr
Bliskość Grand Bazar sprawia, że jest to jeden z najpopularniejszych hammamów wśród turystów. W niczym nie umniejsza to jednak jej wielkich zalet. Nad czym się zresztą tu zastanawiać? Pomyślcie tylko, jak często będziecie mogli korzystać z uroków łaźni pochodzącej z 1584 roku?! W dodatku utrzymanej w takiej czystości... ■

The proximity of the Grand Bazaar makes it one of the most popular hamams among tourists. In no way, however, does this belittle its huge advantages. In any case, just ask yourselves, how often you will be able to enjoy the benefits of a hamam dating from 1584? Especially one as clean as this... ■

Üsküdar Hamami
Cavuskapi Sokak, Istanbul,
tel. +90 212 553 1593
Üsküdar wybudowana na specjalne życzenie jednej z najbardziej wpływowych kobiet dynastii Osmanów Kösem Sultan, położona jest po azjatyckiej stronie Bosforu. W osłaniającej ją kopule zachowano marmury i szklane ściany z 1641 roku. Mimo swojego absolutnie unikalnego charakteru cieszy się zdecydowanie mniejszą popularnością wśród przyjezdnych. Może to i dobrze, im więcej tego niezwykłego klimatu dla nas, tym lepiej... ■

Üsküdar, built at the special request of one of the most influential women in the Ottoman dynasty, Kosem Sultan, is located on the Asian side of the Bosphorus. The dome covering it retains the original marble and glass walls from 1641. Despite its truly unique character, it is far less popular among tourists. That may be just as well: the more of this charm for us and us alone, the better... ■

Ciragan Palace Hotel Kempinski Istanbul
Współczesna wersja hammamu oferująca tradycyjne zabiegi na najwyższym poziomie i luksusy godne sułtańskiego dworu. ■

A modern version of the hamam, offering top-quality traditional treatments and luxuries worthy of a Sultan's court. ■

fot. MN

fot. Martin Waelde

REJS PO BOSFORZE/BOSPHORUS CRUISE

www.ido.com.tr/en

Nie da się ukryć, że kiedy wybieraliśmy się w podróż do Stambułu, mieliśmy już w głowie całkiem wyraźny obraz tego miasta. Zawdzięczaliśmy go po trosze nauczycielom historii, a po trosze rodzicom, z którymi przyjeżdżaliśmy tu w dzieciństwie na tylnym siedzeniu małego fiata. Jednak tym, który w głównej mierze przyczynił się do jego ukształtowania, był największy turecki pisarz Orhan Pamuk. Dzięki niemu poznaliśmy Stambuł nostalgiczny i przekonaliśmy się, że miasto to można odkrywać w nieskończoność. To on zainfekował nas również nieposkromioną chęcią przejażdżki po Bosforze, którego urokom poświęcił w swojej prozie wyjątkowo dużo miejsca. Ku naszej radości zrealizowaliśmy ten zamiar nieomal zaraz po przybyciu do Stambułu i nie pozostaje nam nic innego, jak z całą mocą namawiać was, żebyście poszli w nasze ślady. A na zachętę przeczytajcie, co o Bosforze pisze sam mistrz... „W przeciwieństwie do reszty miasta, przytłoczonej smutkiem i biedą, Bosfor tętnił radoś-

Undoubtedly, when embarking on our trip to Istanbul, we already had a pretty clear picture of the city. We owe it partly to our history teachers and, to some extent, to our parents, with whom we travelled here in our childhood in the back seat of a small Fiat. But the person who exerted the most influence on our vision of the city was Turkey's greatest writer, Orhan Pamuk. Thanks to him, we discovered the nostalgic side of Istanbul and realized that the city can be explored without end. It was also him who instilled in us the indomitable desire to take a boat trip down down the Bosphorus, to whose charms Pamuk devotes plenty of prose. To our delight, we realized our plan almost immediately after arriving in Istanbul. In fact, we are left with nothing else but to strongly urge you to follow in our footsteps. As a matter of encouragement, here is what the master himself has to say about the Bosphorus: "If the city speaks of defeat, de-

fot. MN

fot. MN

cią życia, ekscytacją i szczęściem. Teraz cieśnina jest źródłem siły Stambułu, ale na początku jej nie doceniano – ot, zwykły brzeg z jakąś drogą, ładnym widokiem, po prostu dobre miejsce na letnie pałace, jakie budowano tam w ciągu ostatnich dwustu lat. (...) Osmanowie zaczęli wznosić tu swoje letnie rezydencje, rozwinęła się charakterystyczna imperialno-stambulska kultura, odcięta od świata zewnętrznego (...) Uwielbiałem pływać po zatoce Bebek, krążyć wśród innych łodzi, kutrów, promów i kryp z burtami oblepionymi przez ostrygi; czuć siłę prądu z dala od brzegu i uderzenia fal wzbudzanych przez mijające nas jednostki. Chciałem, aby te wyprawy nigdy się nie kończyły. (...) Przejażdżki po Bosforze (...) dają nieodpartą przyjemność podglądania tego miasta dom po domu, dzielnica po dzielnicy, a jednocześnie pozwalają podziwiać z oddali jego wiecznie zmieniający się jak miraż zarys". ■

struction, deprivation, melancholy and poverty, the Bosphorus sings of life, pleasure and happiness. Istanbul draws its strength from the Bosphorus. But in earlier times, no one gave it much importance. They saw the Bosphorus as a waterway, a beauty spot and, for the last two hundred years, a fine location for summer palaces. [...] But from the 18th century, when Ottoman worthies began building their summer homes, there arose an Ottoman culture that looked towards Istanbul to the exclusion of the rest of the world. [...] I loved to take boat trips on Bebek Bay; to sail around the other boats, trawlers, ferries and barges with their boards covered with oysters; to feel the current far from the shore and the bobbing of waves induced by the passing vessels. [...] To travel along the Bosphorus – be it in a ferry, a motor launch or a rowing boat – is to see the city house by house, neighborhood by neighborhood, and also from afar, as a silhouette, an ever-mutating mirage." ■

fot. MN

KALENDERHANE MECZET/KALENDERHANE MOSQUE

Mart Sehitleri Caddesi 16, 34060 Istanbul

W Stambule nie brakuje bizantyjskich świątyń przekształconych w wyniku historycznej zawieruchy w meczety. Większość przewodników koncentruje się jednak tylko na bajkowej wręcz urody Hagia Sofia. Ani w głowie nam odwodzić kogokolwiek od zamiaru odwiedzenia tego miejsca – byłaby to wielka nieroztropność – niemniej chcielibyśmy zaproponować też wizytę w innym – mniejszym, ale równie ekscytującym meczecie Kalenderhane. Pierwotnie był to kościół poświęcony Theotokosowi Kyriotissie. Wybudowano go gdzieś między IX a XII wiekiem. Po zdobyciu Konstantynopola w 1453 kościół decyzją sułtana Mehmeda II oddano sekcie Kalenderi, od której meczet wziął swoją nazwę. Z zewnątrz ta budowla z czerwonej cegły przypomina budynek fabryczny, wystarczy jednak przekroczyć jej progi, żeby zachwycić się pięknymi freskami i ikonografią z IX-XII wieku ukrytymi pod osmańskimi malowidłami. Zwróćcie też uwagę na niezwykle barwne ornamenty na wewnętrznych ścianach i na marmurowe płaskorzeźby. ■

In Istanbul, there is no shortage of Byzantine churches which, as a result of the twists and turns of history, have been converted into mosques. Most guidebooks, however, focus only on the Hagia Sofia – a monument of magical beauty indeed. It is not our intention to dissuade you from visiting the place – that would be most unwise – but we would also suggest you check out the smaller, but equally exciting Kalenderhane Mosque. It initially served as a church dedicated to the Theotokos Kyriotissa. It was built somewhere between the 9th and 12th centuries. After the conquest of Constantinople in 1453, by decision of Sultan Mehmed II the church was given to the Kalenderi sect, after which the mosque is named. From the outside, this red brick building resembles an industrial plant. Upon entering, however, you immediately feel awestruck by the beautiful frescoes and iconography – from 9th to 12th centuries – hidden beneath the Ottoman paintings. Also, note the extremely vibrant ornaments on the inside walls, and the marble reliefs. ■

FLORYA ATATURK PAVILION

Istanbul Caddesi, Flory; tel. +90 212 426 5151, codziennie 9-15 daily 9am-3

W Stambule na każdym kroku możemy zobaczyć wspaniałe przykłady architektury z czasów Bizancjum i imperium osmańskiego. Niemniej my chcielibyśmy być trochę przekorni i zainteresować was tym, co ciekawe w XX-wiecznej architekturze tureckiej. Zatem nie przeniesiemy się teraz ani do ociekającego złotem pałacu, ani do pogrążonego w modlitwie meczetu. Przeniesiemy się za to do modernistycznego pawilonu wybudowanego nad morzem Marmara w roku 1935 według projektu Seyfi Arkana. Kiedyś służył on jako letnia rezydencja tureckich prezydentów, od Mustafy Kemala Atatürka,począwszy. Teraz jest symbolem postępu oraz przemiany Turcji w nowoczesne państwo. ■

Fine examples of Byzantine and Ottoman architecture are visible in Istanbul on every corner. Nonetheless, we would like to do things differently and show you what's interesting in 20th century Turkish architecture. As such, so we will not be taking you to a palace overflowing with gold or a mosque absorbed in prayer. Instead, we will take you to a modernist pavilion designed by Seyfi Arkan and built in 1935 by the Sea of Marmara. It once served as the summer residence of Turkish presidents, beginning with Mustafa Kemal Ataturk. Today, it has become a symbol of progress and of Turkey's transformation into a modern state. ■

PRAKTYCZNE/ESSENTIAL

LOTNISKO ATATÜRK/ATATÜRK AIRPORT
24 km od centrum/24 km from the city center
cena taxi do Sultanahmet ok. 15 euro/cost of taxi to Sultanahmet about 15 euro

TRANSPORT PUBLICZNY Z LOTNISKA/PUBLIC TRANSPORT FROM THE AIRPORT:
Havaş Bus (co 30 minut, od 6 do 23, billet w jedną strone ok. 4.50 euro) do Taksim
(every 30 minutes, from 6am to 11pm, single journey about 4.50 euro) to Taksim
www.havas.com.tr

TRANSPORT W MIEŚCIE/TRANSPORT WITHIN THE CITY:

metro 2 linie (M1 Aksaray–Havalimani, M2 Sishane–Atatürk Oto Sanayi)
tramwaj/tram 5 lini/ 5 lines
www.istanbul-ulasim.com.tr

TAXI:
Hayat Taksi, tel. +90 212 573 8030

KONSULAT POLSKI/POLISH CONSULATE
www.stambulkg.polemb.net
tel. +90 212 290 66 30

TELEFONY ALARMOWE/EMERGENCY NUMBERS:
karetka pogotowia/ambulance 112
straż pożarna/fire 110
policja/police 155

INFORMACJE TURYSTYCZNE/TOURIST INFO:
www.istanbul.com

MIESZKANIA DO WYNAJĘCIA/APARTMENT RENTAL:
www.istanbulsweethome.com
www.holidayapartmentsinistanbul.com
www. istanbulplace.com

RELAKS POZA MIASTEM/RELAX OUTSIDE THE CITY
Wyspy Książęce – turecka nazwa to Kizil Adalar, czyli Wyspy Czerwone od złóż wydobywanej tu niegdyś miedzi – to niewielki archipelag na Morzu Marmara, zaledwie 20 km od Stambułu. Dziewięć wysepek, z których tylko cztery największe są zaludnione; Kinali, Burgaz, Heybeli, Büyükada – zmieszkałe przez cały rok, ale życie rozkwita na nich między majem a wrześniem, kiedy nadjeżdżają letnicy.
Wyspy Książęce to smagane wiatrem plaże, to letnie przyjęcia, to bajkowa architektura drewnianych rezydencji, to brak stresu I samochodów. Tu jest jak we śnie, jak w pięknym śnie.
**Ze Stambułu można dostać się tu promem, codziennie 14 promów od 6 do24.*
www.ido.com.tr/en

PRINCES' ISLANDS
The Princes' Islands – which go by the Turkish name Kizil Adalar, or "Red Islands", derived from the copper once mined here – is a small archipelago of nine islands in the Sea of Marmara, located just 20 km from Istanbul. Only four of them – Kinali, Burgaz, Heybli, Büyükada – are inhabited throughout the year, but life flourishes between May and September, when the summer vacationers arrive.
The Princes Islands offer: windswept beaches, summer parties, fairy-tale architecture of wooden residences, and a lack of stress and cars. Everything here is like a dream; a beautiful dream.

** The best way to get there from Istanbul is by ferry; 14 ferries every day from 6 a.m. till midnight.*
www.ido.com.tr/en

+ ETC......
Międzynarodowy Festiwal Filmowy – Kwiecień
International Film Festival – April
www. film.iksv.org/en

Festiwal Muzyki Cygańskiej – Maj
Festival of Gypsy Music – May
www.istanbulgypsyfestival.com/

Międzynarodowy Festiwal Teatralny – Maj-Czerwiec
International Theater Festival – May-June
www.iksv.org/english

Międzynarodowy Jazz Festiwal – Lipiec
International Jazz Festival – July
www.iksv.org/english

Istanbul Biennial – Wrzesień/September
www.iksv.org/bienal/english

INDEKS

notatki notes

notatki notes